/ 100 位

为新中国成立作出突出贡献的英雄模范人物/

左 权

刘 旭/编著

吉林出版集团 | 吉林文史出版社

图书在版编目（CIP）数据

左权 / 刘旭编著. -- 长春 : 吉林文史出版社,
2011.4（2024.5重印）
（100位为新中国成立作出突出贡献的英雄模范人物）
ISBN 978-7-5472-0517-4

Ⅰ. ①左… Ⅱ. ①刘… Ⅲ. ①左权（1905～1942）－
生平事迹 Ⅳ. ①K825.2

中国版本图书馆CIP数据核字(2011)第050297号

左 权

ZUOQUAN

编著/ 刘旭
选题策划/ 王尔立　责任编辑/ 王尔立
装帧设计/韩璘
出版发行/ 吉林文史出版社
地址/ 长春市福祉大路5788号　邮编/ 130118
电话/ 0431-81629363　传真/ 0431-86037589
印刷/ 天津海德伟业印务有限公司
版次/ 2011年4月第1版　2024年5月第8次印刷
开本/ 640mm×920mm　1/16
印张/ 9　字数/ 100千
书号/ ISBN 978-7-5472-0517-4
定价/ 29.80元

《100位为新中国成立作出突出贡献的英雄模范人物》丛书

/100位

为新中国成立作出突出贡献的英雄模范人物/

八女投江　于化虎　小叶丹　马本斋　马立训　方志敏

毛泽民　毛泽覃　王尔琢　王尽美　王克勤　王若飞

邓　萍　邓中夏　邓恩铭　韦拔群　冯　平　卢德铭

叶　挺　叶成焕　左　权　诺尔曼·白求恩　任常伦

关向应　刘老庄连　刘伯坚　刘志丹　刘胡兰　吉鸿昌

向警予　寻淮洲　戎冠秀　朱　瑞　江上青　江竹筠

许继慎　阮啸仙　何叔衡　佟麟阁　吴运铎　吴焕先

张太雷　张自忠　张学良　张思德　旷继勋　李　白

李　林　李大钊　李公朴　李兆麟　李硕勋　杨　殷

杨子荣　杨开慧　杨虎城　杨靖宇　杨闇公　萧楚女

苏兆征　邹韬奋　陈延年　陈树湘　陈嘉庚　陈潭秋

冼星海　周文雍、陈铁军夫妇　周逸群　明德英　林祥谦

罗亦农　罗忠毅　罗炳辉　郑律成　恽代英　段德昌

贺　英　赵一曼　赵世炎　赵尚志　赵博生　赵登禹

闻一多　埃德加·斯诺　夏明翰　格里戈里·库里申科

狼牙山五壮士　聂　耳　郭俊卿　钱壮飞　黄公略

彭　湃　彭雪枫　董存瑞　董振堂　谢子长　鲁　迅

蔡和森　戴安澜　瞿秋白

前言

每个人的心中都多少有一点英雄情结，都向往英雄、景仰英雄。也正因此，在中华人民共和国建国六十周年之际，由中央十一部委联合组织开展的“100 位为新中国成立作出突出贡献的英雄模范人物和 100 位新中国成立以来感动中国人物”的评选活动中，群众参与投票总数近一亿。这其中的每一张选票，都表达了人们对英雄模范的崇敬之情，寄托着对伟大祖国的美好祝福。

一个民族不能没有英雄，否则这个民族就不会强大。当国家危难之时，懦弱者选择了逃避、妥协甚至投降，英雄们却挺身而出，用热血捍卫民族的尊严，人民的幸福。在创立和建设新中国的伟大历程中，涌现出无数可歌可泣的英雄模范人物。他们之中，有为了民族独立和人民解放而英勇牺牲的革命先烈，有为了党和人民的事业而不懈奋斗的优秀共产党员，有在全民族抗战中顽强奋战、为国捐躯的爱国将士，有英勇杀敌的战斗英雄和革命群众，有积极从事进步活动的著名民主爱国人士和国际友人……他们是民族的脊梁、祖国的骄傲，是激励全体人民团结奋斗的精神力量。

《100 位为新中国成立作出突出贡献的英雄模范人物传记》丛书，就像一部星光璀璨的英雄谱，真实、完整地记录了英雄模范人物不平凡的一生，再现了他们非凡的人格魅力和精神世界。“头颅可断腹可剖”的铁血将军杨靖宇，“毫不利己，专门利人”的白求恩，抗战军人之魂张自忠，“砍头不要紧”的夏明翰，“俯首甘为孺子牛”的文化斗士鲁迅……一串串闪光的名字，一个个动人的故事，犹如群星闪烁，光耀中华。

如今，战火已熄，硝烟已散，英雄已逝，我们沐浴在和平的幸福之中。在和平年代，人们不会忘记为今日的和平浴血奋战的英雄们，英雄的故事永远不会结束。让我们用英雄的故事唤醒我们心中的激情，为中华民族的伟大复兴而奋斗。

生平简介

左权（1905–1942），男，汉族，湖南省醴陵县人，中共党员。

左权 1924 年入黄埔军校学习。1925 年加入中国共产党。同年 12 月赴苏联学习。1930 年回国后到中央苏区工作，先后任中国工农红军学校第一分校教育长、新十二军军长、红五军团十五军军长兼政委、中革军委一局局长、红一军团参谋长等职，参加了中央苏区历次反“围剿”作战。1934 年 10 月参加长征，并参与指挥强渡大渡河、攻打腊子口，以及直罗镇、东征等著名战役战斗。1936 年 5 月，任红一军团代理军团长。全国抗战爆发后，担任八路军副参谋长、八路军前方总部参谋长，协助朱德、彭德怀指挥八路军开赴华北抗日前线，开展敌后游击战争，粉碎日军多次残酷“扫荡”，威震敌后。1940 年秋，协助彭德怀指挥著名的百团大战。1941 年 11 月指挥八路军总部特务团进行黄崖洞保卫战，经八昼夜激战，以较小的代价歼敌千余人，被中央军委称为“反‘扫荡’的模范战斗”。从 1939 年至 1941 年，他撰写了《论坚持华北抗战》等文章，总结敌后抗战经验。1942 年 5 月，日军对太行抗日根据地进行“铁壁合围”大“扫荡”。25 日，他在山西省辽县麻田附近指挥部队突围转移时，在十字岭战斗中壮烈殉国，时年 37 岁。

1905-1942

[ZUOQUAN]

◀左 权

目 录 MULU

左权——生生不息的名字（代序）

山西省东南部的太行山脚下，有一个地方叫左权县，这里物产丰富，人杰地灵，是远近闻名的"歌舞之乡"，素有"民歌的海洋"之称。就在这片汪洋大海之中，有一颗闪亮的珍珠，也是当地流传最广的一首民歌——《左权将军》。

左权县原名辽县，1942 年为了纪念在此壮烈牺牲的左权将军而易名，在这片红色的土地上，左权将军的故事在这里流传。

左权是黄埔军校第一期的学员，之后又留学苏联，是真正的"学院派"将领，无论是丰富的实战经验，还是深厚的军事理论都处在数一数二的位置。

左权是百团大战的导演者之一，他倾注了全部的精力和智慧，策划了这场震惊中外的战役。

左权是朱德、彭德怀最得力的助手，每逢战事，必亲力亲为，细心起草，是八路军中最称职的参谋长。

左权是抗日战争中八路军中牺牲的最高级的将领。他说："为了民族国家的利益，过去没有一个铜板，现在仍然是没有铜板，过去吃过草，准备还吃草。牺牲了我的一切幸福为我的事业来奋斗……"

左权 18 岁离开家就再也没有回去过，左权离开他的妻儿就再也没有团聚过。

半个多世纪过去了，将军的鲜血依旧流淌在这里，将军的名字仍然留存在这里，将军的精神将更加会继续凝聚在这里。

左权，一个生生不息的名字，一个万古长存的名字。

英雄诞生

(1905—1924)

一 志存高远

☆☆☆☆☆

（0–8 岁）

1905 年 3 月 15 日（清光绪三十一年二月初十），左权出生在湖南省醴陵县平桥乡黄猫岭村（今属醴陵市新阳乡）一个贫苦农民家庭。

醴陵县位于湖南省东部，东、南、北三面多为罗霄山脉所盘绕，山冈绵延，交通不便。黄猫岭地处醴陵北乡，是境内千山万岭中的一座土岭。深秋时节，这高高的山岭层林尽染，满山金黄，远远望去，其形酷似一只欲腾欲扑的巨大黄猫，因此当地就被称作“黄猫岭”。

在绵延约七八公里的黄猫岭下，散落着一些以种田为生的农户，山岭脚下的小村庄黄猫岭村，正位于那“猫肚子”下面。在村里，曾有十多间土砖瓦屋围成的一个屋场，坐西北，朝东南，前后两进，成“国”字形，这里就是左权出生的地方。

在左权出生以前，左家已经有三个儿子和一个女儿，左权是家里最小的孩子。老大是儿子，名叫毓麟，老二是女孩，名叫毓春，老三是儿子，名叫纪棠，老四是儿子名叫应林。在清光绪三十一年（1905 年）农历二月初十，又添了小儿子，这就是左权。父亲将新生的儿子取名纪权，号叔仁，字孳麟，后来叫做左权。

1906 年，左权正在牙牙学语时，醴陵一带出现灾荒。许多人家已经无米下锅，野菜、草根、树叶、树皮几乎被吃光。为了活命，左权的母亲被迫抱着左权乞讨于乡间。

第二年 10 月，左权的父亲积劳成疾，在贫困交加中离开人世，年仅 34 岁。祸不单行，左权的祖父和祖母因丧子过于悲痛，相继病倒，不久也病逝，两位老人合葬于黄猫岭上。

三位亲人相继去世，左家犹如天塌地陷。一连串的沉重打击，再加上过度操劳，使左权的母亲在 30 多岁时，已经弯腰驼背，头发花白，过早地衰老了。但是，中年丧夫的母亲并没有被一次次突如其来的大祸所击倒，而是以坚韧的毅力，强打起精神，含辛茹苦地抚育着五个孩子，顽强地支撑起这个残破的家。

常言道：穷人的孩子早当家。本该在父母怀抱中撒娇的左权，也尽可能地用稚嫩的肩膀替母亲分担其生活的重担。从 6 岁那年开始，他就在黄猫岭、大王山、桃子坡一带拾柴、放牛、打猪草、干农活。过度的劳累和时常挨饿受冻的苦难生活，使得正处在发育中的左权身材又瘦又小，可他幼小的心灵却随之有些早熟起来。

生活是艰难了一些，但山野间的孩子们也有自己的乐趣。左权童年时期的最大乐趣就是嬉戏于溪水中捉鱼。由于左权每次下水，总有收获，渐渐地成了闻名乡间的捉鱼能手。他发现水浑的地方，就截断源流，再舀干水坑里的水捉鱼。小一点儿的鱼，留在家里大家吃，这是全家唯一的荤腥了；稍大一点儿的鱼，便拿到附近小镇集市上卖了。左权绝不花掉一分钱，全部带回家，交给妈妈做家用，或是换一些油盐提回家来。这小小的鱼篓子，成了家中油盐罐子的重要补充。左权捕鱼卖钱，不但贴补家用，在他年龄大一点儿之后，在母亲的嘱咐下，也买些纸张、笔墨来读书写字。

左权的母亲是一位很有德行的劳动妇女，其贤淑和善良在黄猫岭一带是有口皆碑的。她平时沉默寡言，多做少说，虽然家境困难，但仍然乐于帮助和周济穷人。母亲的言传身教和坚毅、勤奋、善良的品格，给了左权以潜移默化的影响，使得左权从小具有同情劳苦人民的情感和助人为乐、尊老爱幼的品德。

在左权幼年成长的过程中，除了自己的母亲，还有一位对他帮助和影响很大的亲人，那就是叔父左铭三。左铭三为人正直，富有爱国思想，是醴陵学界名流所倚重的学者。他毕业于长沙师范学校，是平桥乡左家第一个知识分子。孙中山倡导革命时，左铭三是黄猫岭一带第一个敢于剪去头上辫子、拥护共和的人，成为那个时代勇敢站出来支持孙中山的优秀知识分子。在共和的旗帜下，他出任县立模范小学校长、劝学所所长、渌江中学教员。左权对叔父非常敬仰，从小就爱听他讲故事，谈做人的道理，论世界大事。左铭三见左权肯于思考，有志向，也对他寄予厚望。

就是这样，虽然左权家里十分贫穷，但贫穷催促着他成长，穷人的孩子早当家。家庭这个课堂，为他后来走上革命道路奠定了很好的基础。

求知求索

☆☆☆☆☆

（8–19 岁）

穷则思变。左权不嫌家贫，但不甘愿受贫。年少的他暗下决心，一定要改变自己和家庭贫穷的命运。

左权有强烈的求知欲望，企盼在书本中获得改变命运的力量。在年少的心灵中孕育着对压迫与剥削的不满，隐隐约约地萌生着在黑暗中寻觅通向光明的道路的志向。于是，他走上了求知与求索的征程。

左权8岁启蒙，上的是当地的一所私塾。虽然辛亥革命后，全国已推广新学，然而，在广大农村，一方面由于缺乏能教授新学的教师，更由于传统观念的束缚，仍然是沿袭千百年的以孔学为主体的传统教学内容与教育方式。这样的教学实在是太乏味了。左权本来有很高的求知欲望，可这种死气沉沉的教学氛围，使他感到失望。在左铭三的指导下，左权于1914年考取了陈家冲私立成城小学。该校于第二年改称醴陵县第八国民小学。学校设有国文、算术、常识、歌咏、体操、手工等课程。比起私塾的"之乎者也"来，左权感到既新鲜又有趣。他在学习上很用功，放学后还帮家里干活。

1919年秋，14岁的左权入醴陵北第一、第二、第三、第四区联合高等小学。学校离家十余里，左权每天要早早起来，带着中午饭去上学。随着年龄的增长，他更加努力学习，常常名列前茅，很受老师的器重。虽然路程远，放学回家晚，他依旧帮家里看牛、打猪草、拾柴。

1922年秋，左权在叔父左铭三等资助下，考进醴陵县立中学。在县中一年多时间里，除在学业上大有长进外，还开始了寻觅通向光明道路的探索。宋时轮就是他第一位引路人。宋时轮是左权小学的同桌好友。这次两人一起考入醴陵县立中学。宋时轮是个进步青年，很早就是党的外围组织的成员。不久，在学校里秘密加入中国共产党。他俩课余时间经常在一起散步，一起讨论功课，同时探讨人生哲理，探求改造中国拯救民众的革命道理。

左权正是在宋时轮的介绍下参加了中共地下组织领导的社会科学研究社，阅读了《新青年》、《向导》等宣传马克思主义的读物，以及孙中山的三民主义等著作，逐渐认识到改造社会的责任。他曾邀进步同学，积极参加抵制洋货和反对教会的斗争。一次，左权在课堂上听了讲述袁世凯接受“二十一条”卖国条约的经过后，怒不可遏，当即写了“勿忘五九国耻”六个大字，抒发自己立志救国的胸怀。

1923 年底，孙中山大元帅府大本营军政部主办的广州陆军讲武堂，派人来到醴陵县招收学生。军政部部长程潜是醴陵人，曾是前清秀才，他治军注重文武兼备。基于自鸦片战争以来，湖南人人张扬尚武精神、强悍勇猛的特点，他决定在湖南人中招收学生，以便培养整军经武德人才。

一天，宋时轮、张际春约上左权等几位同学，摇着一叶小舟，登上一个江心洲，把这个秘密消息传递给一些同学。左权与张际春、宋时轮、邓文仪十多个同学秘密报名，经测试后，均被录取。在争得母亲的同意后，左权跟一群志同道合的朋友们踏上了奔赴广州的道路。经过十多天，采取辗转迂回的路线，他们于1924年3月下旬的一个晚上，抵达广州。从此这一条陌生的路出其不意地延伸到了左权的脚下，开始了他一生中最光彩的职业军人生涯。

人生序曲

（1924—1935）

黄埔时代

☆☆☆☆☆

（19–20 岁）

广州作为中国的南大门，是一座饱经沧桑的历史名城，又是最先步入近代化过程的新兴城市。鸦片战争，南大门被西方的枪炮轰开，成为我国对外开放的重要窗口，欧风美雨在此处与中国古老文明碰撞、交汇，形成独特的城市人文风貌。它又是一个革命的英雄城市，作为辛亥革命前奏的黄花岗起义，唤醒了全国民众的觉醒。而孙中山创建的广东革命根据地，成为全国革命的中枢。左权一行热血青年，来到自己所向往的地方，来到实现自己理想、抱负的圣地，那高兴的劲头难以言表。

讲武学校设在广州小登峰路北校场西边，这里虽属市郊，却也十分热闹。旁边有一座古庙，时值隆冬，可依然处处花团锦簇，蔚为壮观。

左权和他的同伴，最爱闲来散步，观赏这里的木棉花。

陆军讲武学校校长是当时的大元帅军政部部长程潜，教育长是李明灏，学校监督是周贯虹，后设党代表廖仲恺。

陆军讲武学校第一期学生，招自湖南、湖北和上海青年，共四百余人。学生被编成四个队，左权被编在第一区队，区队长林伯森对左权很赏识，每当教授动作时，常常要左权示范演习。由于得到领导的重视，左权学习更加勤奋。

△ 黄埔军校第一期学生左权

1924 年 11 月，孙中山下令讲武学校归并黄埔学校，左权转入黄埔第一期，编在学生六队。左权因而成为黄埔军校第一期学员。

左权在黄埔学习十分刻苦，成绩优异，受到各方面的重视。初创时期的黄埔军校，思想活跃，言论自由，共产主义与三民主义共存。军校训令中明确规定：社会主义、共产主义、马克思主义等书籍，本校学生皆可阅读。一时间，在学生和教官中形成了研读政治书籍、注意社会潮流的良好气氛。在这样的氛围中，左权认真阅读了政治课规定的书籍，比如：《三民主义浅说》、《帝国主义》、《国民革命论》，还阅读了有关社会主义和工农革命的书籍，比如《苏联研究》、《社会主义原理》、《经济学大纲》、《中国职工运动》、《中国农民运动》等。浓厚的革命氛围，联系社会实际问题，学习革命理论，使左权的思想有了长足进步。

1925年，由同期同学、老乡陈赓介绍，左权加入中国共产党，周恩来主持了入党宣誓仪式。此时的左权正好20岁。从此，他以生机勃勃的创造性和热情，去实现自己的信念。

为了团结在黄埔军校学习的青年军官，中共黄埔支部发起成立了革命组织火星社。1925年2月，以火星社为基础，成立了中国青年军人联合会。青年军人联合会是以军校中的共产党员、共青团员为骨干，联合其他进步军人而建立的左派组织。左权是青年军人联合会的领导成员。这个组织的成员，成为北伐的先锋，后来不少人成为中国共产党领导的武装斗争的组织者与中坚力量。

左权满怀救国救民的热忱，从闭塞的山村，辗转来到广州，来到中国革命的大本营，先后在陆军讲武学校和黄埔军校学习武装斗争的本领，学习革命的道理，开阔了眼界，提高了觉悟，成为一名中国共产党员。这里是他军旅生涯的起点，更是他为共产主义奋斗的起点。从此，他舍生忘死地为民族的解放、阶级的解放奋斗着。

初露锋芒

☆☆☆☆☆

（20 岁）

1924 年底，黄埔军校仿效苏联红军建制成立教导第一、第二团。两个团的中下级军官多数由黄埔军校的教官和刚毕业的学员担任，士兵是新招募来的。这是一支新型的革命武装力量。左权被分到教导一团二营六连任排长。

1925 年 1 月，盘踞在惠州、潮州、汕头一带的陈炯明部，趁孙中山北上商定国事的机会，向广州进攻。

为了保卫革命政权，广东革命政府举行了第一次东征，讨伐陈炯明。黄埔军校的学生和教导一团、二团也奉命参加东征。

东征军兵分左、中、右三路。黄埔军校学生和教导团组成的黄埔军校军，由校长蒋介石统率，加入右路军作战。苏联顾问、周恩来参与了右路军的领导。黄埔军校军一路占领虎门、东莞、石龙，克平湖、龙冈和淡水城。

东征军一扫反动军队恶劣军风，规定了铁的军纪。左权严格执行东征不扰民、不拉夫、不筹饷的军令，沿途不损害百姓的一草一木。正义之师、文明之师，得到民众的拥护与支持。以黄埔军校学生和教导团为主力的右路军向潮汕进军，在彭湃领导的海陆丰农民的支援下，所向披靡。

△ 1925年6月，左权随军参加东征作战返回广州时的留影。

黄埔军校教导一团向棉湖进发途中，在距河顺40里的曾塘村与叛军王定华部交火。第一营、第三营为第一线，左权所在的第二营为预备队。敌人占据东端高地，倚仗人数众多的优势，以大部分兵力向黄埔军校学生队和教导团围过来。战斗空前激烈，在团长的指挥下，左权率全排士兵冒着枪林弹雨，强渡一条小河，与敌人展开肉搏战。教导一团的官兵顽强奋战，前仆后继，使得叛军节节败退，残敌被迫于黄昏时分向兴宁、五华逃去。精疲力尽的左权和战友们再次振奋起精神，乘胜追击。

棉湖战役，教导第一团与近十倍的叛军相遇，全体官兵英勇顽强，以一当十，终将号称劲旅的林虎部主力击溃，共打死、打伤叛军九百多人，击毙旅长张华如，俘虏团长黄济中，俘虏营、连、排长数十人，缴枪一千六百余支。这是民国建立以来第一次以少胜多的大捷。此役关系到东征全局的胜败，奠定了东征胜利的基础。

这次战役的激烈，在东征史上是罕见的。激战中，教导第一团的九个连长阵亡六人，负伤三人，他们都是黄埔军校第一期毕业生。从此，黄埔校军英勇善战的威名闻名遐迩。

左权在东征中服从命令，身先士卒，作战勇敢，特别是在围歼洪兆麟部的战斗中，他率领士兵冲在最前面，缴获很多，受到周恩来的提名表扬，很快由排长升为副连长，后又升为连长。

1925 年 3 月，为商议南北统一而北上的孙中山先生，猝然病逝北京。在广东革命根据地中的军阀趁机割据。一时间，广东省内出现了不少拥兵自重的司令。以杨希闵的滇军、刘震寰的桂军势力最大，他们与北洋军阀段祺瑞暗中勾结，妄图颠覆广东革命政权。杨希闵自称滇桂联军总司令，在广州宣布戒严，对革命军发起挑衅。

革命军组织还击。为了配合这一斗争，中共广东区委在党内进行了动员，身为共产党员的左权，怀着对军阀无比憎恨的情绪，再次投入战斗。左权带着他的连队猛攻滇军的防守阵地，滇军火力很猛，他们被压制在一个山坳处，后续大部队无法上来。根据团长的命令，晚上在夜幕的掩护下撤了下来。

第二天，黄埔军校学生和教导一团组成两千多人的突击总队，从黄埔上游的一个炮台附近上岸，突袭滇桂军的后部。左权带领连队冲在前面，大批的黄埔校军官兵跟在后面。这是一支奇兵，叛军根本没有想到革命军会从侧面发起猛烈进攻，顿时乱了阵脚。不料左权的手臂负了伤，但他仍然高喊着，带领士兵们向前冲杀。

由于前线接连告急，败局已定，杨希闵于是决定赶快组织撤退，以保存实力，自己带着几个亲信逃进了沙面租借地。至此，广东的滇军彻底覆灭。

桂军刘震寰原来也有四千多兵力，滇军溃败后，他率部退到西村，黄埔军已经在这里等着他了，他们还未喘过气来，就遭到黄埔军一阵猛打，结果大部分士兵缴械投降。

6月12日下午2时，革命军攻克广州。在广州工人和各地农民的支援下，盘踞广州达四年之久的滇、桂军阀势力全部覆灭，一场叛乱就这样迅速被削平。

战斗结束后，苏联军事顾问切列潘诺夫十分高兴，他特别欣赏左权的指挥才能，遂传令嘉奖左权。

左权从黄埔军校毕业前后的一年间，随军东征西战，得到很大锻炼，无论在政治素质还是在军事素质方面，都有了极大的提高。如果说1924年初到广州时，他还只是个热血沸腾、满腔热情的农家子弟和爱国青年的话，那么到1925年冬天，他已是一名坚强的共产党员，成为一名有着多次战斗经验、称职的初级指挥军官了。

留学海外

☆☆☆☆☆

（20–25岁）

1925年3月孙中山去世后，为了纪念中国这位伟大的革命先行者，同时也是为了帮助中国革命培养人才，苏联共产党和政府决定在莫斯科建立一所以孙中山的名字命名的学校，这就是著名的“中国孙逸仙劳动大学”，通常称之为中山大学。

1925年10月，国民政府首席政治顾问苏联代表鲍罗廷在一个重要会议上，宣布了莫斯科中山大学成立的消息，建议国民党选派学生到这所学校去学习。广东革命政府采纳了鲍罗廷的建议，决定成立选拔委员会，负责学生的选拔工作，面向全国广揽人才。

△ 1925年11月左权入莫斯科中山大学学习前夕的留影

左权在东征战斗中的表现，给苏联顾问留下了很深刻的印象。中共党组织和苏联顾问都向主持招生人员极力推荐左权。不久，左权作为优秀军官被保送去苏联学习。

12月初，左权告别广州，在一个阳光灿烂的早晨，与伙伴们一起经过长达一个多月的旅程，终于到达了盼望已久的十月革命的故乡——莫斯科。

中山大学位于莫斯科市内。莫斯科河西岸沃尔洪卡大街16号，是一座旧式的、但规模不小的四层楼房。楼房前面是大学的校园，有许多树木。左边是排球场，后边是篮球场，冬天可改成溜冰场。全楼共有一百多个房间，餐厅在一楼，图书馆、教室、学习室、办公室分别设在二、三、四楼。图书馆设备较好，藏书较多，当然绝大多数是俄文书。左权他们是中山大学的首批学生，就住在这座楼里。

当时的莫斯科中山大学处于秘密状态，不对

外公开，也不挂牌子，每一个中山大学的学生都起了一个很好听的苏联名字，这主要考虑到中国学生回国以后的安全。左权的俄文名字叫“拉戈金”。左权被编入中山大学第七班。同班同学有邓小平、傅钟、朱瑞、李卓然等。第七班是直接用俄语讲课，左权深感语言的重要性。他在课堂上专心听讲，认真做笔记，课后废寝忘食地背诵单词，掌握语法，很快就顺利通过语言关，并能翻译某些苏军的战斗条例、条令等军事著作。

毕业前夕，左权因与孙冶方、陈启科、蒋经国等中山大学及校外几个同学一起吃了一顿饭，而被王明等诬为“江浙同乡会”的重要成员，在后来的“清党”中受到了党内劝告的处分。所谓“江浙同乡会”完全是子虚乌有，不过是王明一伙炮制出来反对异己的罪名。

1927 年 7 月，左权中大毕业。共产国际应中共的要求，将中共党员和共青团员及表现好的左派青年留在苏联学习军事。为了瞒过国民党右派的耳目，要大家都佯装成动身回国的准备，然后秘密地把他们送往莫斯科郊外列佛多沃步兵学校附近野营去了。左权在这里住了一个多月，接受射击、战术、战斗动作等基本军事训练。由于左权在黄埔军校时就受到苏联教官的严格训练，在这次野营中自然表现得很出色。

野营结束后，左权入伏龙芝军事学院学习。伏龙芝军事学院又称苏联陆军大学，主要培养苏军高级军事干部，学员一般多数为苏军团以上干部。第一年学习团职军官所需掌握的各种战术，第二年学习师职军官应掌握的相关战略课程。学校的教员既有较深的军事理论修养，又有指挥实战的经验。能有这样好的学习机会和环境，左权求之不得。他专心致志，刻苦努力，不论是课堂作业，还是野外训练、演习，都严格要求，一丝不苟。除了完成课堂教学的任务外，他还经常到图书馆阅读各种有关书籍、期刊、资料进行自学研究，并把自己心得体会和不甚了解的问题写成笔记，主动向教员请教。他的学习精神和学业成绩受到了学院教员和同学的称许。1842 年，刘伯承、邓小平在《纪念我们的战友左权同志》一文中写道："左权同志在苏联中山大学与小平同学，毕业后在陆军大学与伯承同学，在中大、陆大时期，他就表现为始终是一个最进步、最淳朴、最本色的同学之一。记得他在学习中，凡是教员制定的参考书籍必一一阅读，并以红蓝铅笔标出要求。所以在军事、政治考试中，常常能旁征博引，阐其旨趣。"

左权系统地学习了许多近代和现代军事家的著作，学习了苏联红军的各种条令、司令部的组织指挥、军区和野战部队的建设以及正规战、游击战的战略与战术。在学习中，讲究学习方法，其中一个方法是从战争史中学习战争。不死记硬背书本上的条条框框，而是从研究战争的历史着手，从中把握战争的本质，领悟战争的规律、原理与原则。

过去在中山大学，他就认真学习了克劳塞维茨的《战争论》。在伏龙芝军事学院结合教学内容，他做了深入学习与研究，并且运用该著作中所提示的方法，研究战争史，用历史的事实来证明理论的正确与否，使理论观念与战争实际相结合，从中获得经验教训和启迪。

在伏龙芝军事学院，左权与同学刘伯承结下了深厚的友谊。刘伯承是著名的川中名将，在国内参加了北伐战争，1927 年参与领导了著名的八一南昌起义。南昌起义部队在广东受挫后，奉中共中央的指示前往苏联学习。他也是因为语言障碍，先被安排到莫斯科高级步兵学校学习，完成全部学业后，来到伏龙芝军事学院。

左权和刘伯承虽然年龄相差甚远，但志趣相投，彼此相互学习、尊重，共同翻译了一些苏军的军事著作，如《苏联工农红军新的步兵战斗条令》，后被红军作为基本教材。抗日战争中，八路军总司令朱德和副总司令彭德怀曾专门发布命令，要求全军认真学习研究。

1929 年，学院的战术教员带领左权等学员到高加索等地进行野战作业。左权的军事素质和出色的表现受到了教员的称赞。刘伯承后来在回忆左权这段表现时说：“我们在高加索战术作业时，战术指导员很器重其谨厚，常称扬于同学中。”

左权在伏龙芝军事学院的两年学习中，先后研读了《战争哲学》、《当代集团军战役特点》、《各兵种战术和合同战术》、《军事学术》、《军事心理学》等众多军事论著，以及苏斯洛夫、拿破仑等人的军事著作，使他具备了成为一个高级军事指挥员所应有的军事素质和理论修养。

左权常说，要革命，就要抓枪杆子，光有叶挺、贺龙远远不够，我们都要争做军事人才，回国后学以致用，做出一番事业。左权为了履行神圣的使命，在伏龙芝军事学院刻苦学习，尤其是在与刘伯承成为同窗好友后，他们相互帮助，优势互补，取得了优异成绩，为将来参加武装斗争奠定了厚实的基础。他作好回国的准备，时刻等待着党的召唤。

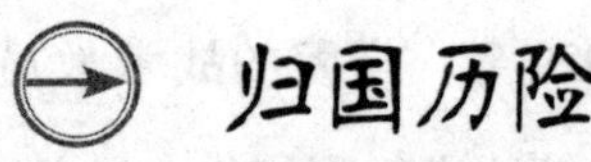

归国历险

（25 岁）

大革命失败后，国民党反动派对共产党人和革命者实行斩尽杀绝的屠杀政策，中国处在白色恐怖中。然而，中国共产党人和革命群众并没有被吓倒，他们擦干身上的血迹，掩埋好同伴的尸体，继续战斗。他们开展武装斗争，在农村建立革命根据地，形成“工农武装割据”，形成红色政权与白色政权对立的局面。

1930 年初，为了适应武装斗争的需要，中共中央决定从苏联召回一部分正在苏联学习军事的党员、团员。左权、刘伯承、刘云、陈启科、屈武、黄涤洪等六位在伏龙芝军事学院学习的同学提前毕业。

1930 年 5月，左权和刘伯承、屈武等人分头从绥芬河入境。左权化装成一个俄文教员，头戴鸭舌帽，身着蓝呢子大衣，鼻梁上架一副镀金圆框眼镜，手提俄国皮箱。到了大连，他赶紧直赴约定地点。等了一会儿，远远看见刘伯承过来了，却没有朝这边看自己一眼。左权正想走过去,突然发现刘伯承身后几米处有一个人，头和身子都裹在高高的大衣领子里，两个眼睛紧盯着刘伯承，不紧不慢地跟着。左权只好眼睁睁地看着他们走过去了。看来刘伯承也已经注意到了身后的可疑人物，故意带着“尾巴”来接头地点给左权看。左权跟在他们后面，看见他们进了一家杂货店，他也赶紧进去，在一个柜台前站住，故意让刘伯承看见，两人顺柜台慢慢靠拢，错肩的时候，左权用俄语低声说:“有狼，出去后钻巷子。”刘伯承也轻声说了个地点，然后带着“尾巴”出去了。左权也跟了过去，看刘伯承一过去，突然闪身出来，跟“尾巴”结结实实装了个满怀。“尾巴”被撞得眼冒金星，却来不及发火，匆匆紧走几步去找目标，哪还有人影？等他醒过神来找撞他的人时，左权也早没影儿了。

甩掉了“尾巴”，他们在预备接头点会合后，急忙离开大连，到达上海，找到了中央。

等了几天，老同学陈赓突然出现在眼前。陈赓戴着黑礼帽，一身中山装，活脱脱一个国民党党棍，如果不是那熟悉的声音，简直不敢相认。久别重逢,两人心里自然十分高兴。然而身处险地，没有长谈的时间。陈赓通知他，几天内赶快离开上海。原来，与他们一同回国的黄涤洪叛变了，他写信给蒋介石，卖友求荣，甚至准备配合密探诱捕周恩来。不料他的行踪被陈赓领导的特科发觉，于是通知左权他们火速转移，想法子去苏区。离沪前夕，左权给家里写信说:“我虽归国，却恐十年不能还家，老母赡养，托于长兄，我将全力贡献革命。”

8月，中共中央和中央军委作出决定，刘伯承留上海，担任军委委员，和聂荣臻、傅钟、曾钟圣等参与军委机关日常工作。调陈启科去重庆，刘云去武汉，左权去闽西苏区担任中国红军军官学校第一分校教育长。

这时，叛徒黄涤洪企图逮捕周恩来、刘伯承、左权等人，曾写信约周恩来在先施公司旁边的邮局里会面，到时他却躲在别处，并不露面。特委的红队派人密跟，穷其所往，终于找到了他的住址，将他秘密处决。

苏区历练

★★★★★

（25岁）

接到中央指示后，左权立即动身前往福建，根据事先安排的接头地点，他乘船在厦门上了岸。在胡同港口找到了福建省委的地下交通站。与福建省委书记罗明接上了头。罗明指示木匠出身的省委委员雷时标、裁缝出身的省委委员苏阿德，以流动的手艺人身份，护送左权从厦门经漳州，前往龙岩。左权在六七个武装交通员的护送下，通过国民党军队和民团封锁线，在黑夜中沿着山间羊肠小道，走了数十里，进入向往已久的红色区域，到了闽西苏维埃政府所在地龙岩。

左权到达闽西，正是闽西革命根据地的发展时期。在这里建立有红军正规军，发展了可观的地方武装，为了培养革命的武装骨干，党在龙岩建立了中国红军军官学校第一分校，培养红军和地方赤卫队的基层军政干部。学习内容主要有政治、军事常识、基本战术和队列操练。

按照中央的安排，左权担任分校的教育长，负责教务工作，兼任军事课程的教官。他热情地向学员讲解军事知识，介绍苏联革命。他讲得深入浅出，生动有趣，颇受学员欢迎。

当时条件极差，既缺教材，又缺教官，困难重重。左权迎难而上，他注意调动学校教官的工作积极性，经常与其他教官一起切磋教学经验，鼓励他们克服困难，搞好教学。

在分校工作没多久，中央指示他在闽西根据地协调红军与地方政府间的关系，并对地方红军进行整编。

他深入调查研究，重视发现的问题。在整编闽西武装时，发现部队士气低落，队伍残缺不全。他向中央写出书面报告，如实地反映闽西部队的情况，并大胆地发表自己的意见。在中央委派闽西的特派员施简的指导下，决定将闽西红二十军、二十一军合编为新十二军，左权任军长，此时的左权只有25岁。

就在这个时候，闽西苏区已成为蒋介石发动第一次“围剿”中共苏区的东战场，张贞第四十九师等国民党和民团先后占领了龙岩、永定。左权就任军长后立即对部队进行整编，加强政治思想工作，筹集军需供应，调整部署，在东江红军四十八团的配合下，集中优势兵力，采取游击运动方式，以闽赣边界的长汀为依托，不断向长汀、连城、永定、武平的敌人进行袭击，遏制张贞部队的进攻，配合中央苏区的反“围剿”。接着左权乘红军取得第一次反“围剿”胜利之威，集中兵力向张贞的部队发动反击，收复了永定，并向龙岩大池、小池反攻，消灭了张贞二九二团大部。

十万大军的第一次“围剿”失败后，蒋介石又于1931年2月动用二十万兵力发动第二次“围剿”。根据中央苏区紧张的军事形势，左权被调往红一方面军“总前委”担任作战参谋，从此左权开始了一生中极有建树的参谋工作。

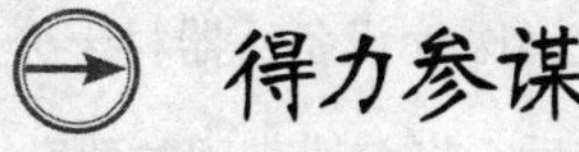

得力参谋

★★★★★

（26岁）

作战参谋的主要职责，是负责起草作战文书，拟订计划，指导军队军事训练。这个职务要求参谋人员有良好的军事素养，较高的文化水平，反应灵敏的头脑，任劳任怨的精神。左权在担任参谋期间，认真履行职责，工作细致，办事认真，要求严格，从不马虎。尤其是能很好地领会首长的作战意图，将其变成作战计划，指示部队行动的作战命令。他起草的作战文书，规范、简洁、准确。左权在参谋工作岗位上表现出色，得到毛泽东、朱德的好评，没有多久，被提升为作战科长。

作战参谋是首长的手臂和耳目。讨论战略和战役，一般情况下，列席会议，或者由参谋长传达；打仗跟随在首长身边，向首长报告战场情况，及时提出建议，或者向作战部队传达首长指令。在第二次反“围剿”期间，左权跟在毛泽东、朱德的身边，参与了指挥的全过程。

第二次反“围剿”胜利结束，左权任红一方面军参谋处长，被补选为总直委员，并以总部特派员名义被派到后方处置伤员、后方医院、俘虏、枪械问题及指导地方武装的组织与训练。

红军医院条件很差，医疗设备、器材十分简陋，药品尤其是西药奇缺。左权到后方后，将前线带回的西药合理地分配给各个后方医院，并将伤病员做了妥善安置。他耐心地做俘虏教育、转化工作，主持召开俘虏大会，宣传党和红军的主张，启发他们的阶级觉悟，不少俘虏提高了觉悟，纷纷要求参加红军，为部队补充了力量。他亲自任教官，组织赤卫队进行军事训练。

作战参谋下到部队不仅传达首长的指令，而且有时还会授权指挥部队作战。第三次反“围剿”开始时，红军首战连城，歼灭第三路进击军两个旅。随后，红一方面军主力进到黄陂附近，红四军、红十二军由黄陂南侧集中全部兵力，对黄陂圩实施强攻。当时正好突然暴雨倾盆，躲在地堡里的敌人无法看清目标。红军军号齐鸣，在机枪掩护下，冲向敌人阵地，冲在前面的战士每人手抱一大捆稻草投入壕沟，很快将壕沟填平。后续部队越过壕沟，一举占领黄陂，敌军大部被俘。敌师长毛炳文率残部向洛口、宁都方向溃逃。左权奉命率领红三十四师、红十师向宁都方向追击毛炳文残部，歼灭残敌大部，缴获了大量武器装备。

为了避开强敌，掩护红军主力向兴国转移，左权遵照毛泽东的命令，率领红三十四师、红十师东向闽西，和伪装红军主力的罗炳辉率领的红十二军一起，造成红军主力转移的假象，迷惑敌人，牵着国民党“围剿”部队在根据地转圈子。由于苏区坚壁清野，使其供给困难，加之时常遭到红军和地方武装的袭击，苦不堪言。随后，国民党军阀内讧又起，两广部队向湖南进发，蒋介石被迫扭转兵锋，第三次“围剿”被打破。

宁都暴动

☆☆☆☆☆

（26-27岁）

政治工作在红军中占有极其重要的地位。不仅是红军的灵魂，战斗力之所在，而且是瓦解敌军、变敌为友的重要法宝。做策动敌军起义、投诚的工作，是红军政治工作的一个重要内容。从事这项工作要有比较高的政策水平和随机应变的能力。左权参加了策动国民党第二十六路军起义，起义成功后，又在改变了的起义部队中任高级政工干部。对于左权来说，这是一个特殊的使命。

1930年中原大战，冯玉祥失利后，西北军被蒋介石收编为第二十六路军。为了达到消灭红军和削弱非嫡系部队的双重目的，1931年1月，蒋介石将这支部队从山东调到江西“围剿”红军的前线。第二十六路军在第二次“围剿”中央苏区时，遭到红军沉重打击。国民党第三次“围剿”失败后，蒋介石嫡系部队都撤出中央苏区休整补充，而第二十六路军却被留在宁都，处于红军四面包围之中。这个部队处境艰难，官兵怨声载道。同时，中央苏区红军反“围剿”的胜利在国民党军队中引起了震动；正在全国兴起的抗日救亡运动，促使全国民众的觉悟，也唤起一部分国民党军队的爱国热情。在这样的背景下，参加“围剿”中央红军的第二十六路军，因不满蒋介石对日妥协，对非嫡系部队歧视、打击的政策，酝酿起义。

1931年12月，第二十六路军派袁汉澄前往瑞金向中共中央局和红军总部请示行动。朱德接见了袁汉澄，询问了第二十六路军及其准备起义的有关情况。在朱德主持下，召开了军委会议，听取了袁汉澄的汇报，分析了暴动的主客观条件以及应采取的应变措施。决定尽最大努力争取第二十六路军全部起义，提出了相关的要求与策应举措。会议还决定，红军总政治部主任王稼祥、中革军委秘书长刘伯坚、军委作战处处长左权作为中革军委代表，携带电台到宁都城东南的彭湃县苏维埃政府所在地固村，负责联络和指导起义部队。

在袁汉澄返回宁都前，左权、王稼祥、刘伯坚立即率领工作人员赶往固厚圩。左权亲自到固厚圩周围区、乡苏维埃政府检查落实，看参加欢迎起义军的群众，每人是否都做了一面红纸三角旗，旗上面写没写“欢迎二十六路军光荣起义”的口号。村里是不是准备了鸡、鸭、猪、鱼、蔬菜、大豆、花生等食品，柴火备好了，慰劳队是否已经组织起来，妇女洗衣队、做鞋队是否落实到人，他走一处问一处看一处，细致入微。

袁汉澄回宁都后，向二十六路中共特别支部报告了去瑞金的联席情况和中央革命军事委员会所作的决定。为了达到“用最大的努力，争取全部暴动”的目的，赵博生加紧了对七十四旅旅长季振同、七十三旅旅长董振堂的争取工作。赵博生、董振堂、季振同、七十四旅主力团团长黄中岳秘密会商后，互推季振同为起义领袖。

季振同赞成起义，但他提出，二十六路军的两万套冬衣和11月份饷款已经到了广昌，如果按原定计划起义，这些冬衣和饷款就无法到手，建议将起义推迟几天。其次，他提出番号问题是不是可以再考虑。赵博生和大家商量后，觉得应马上报告在固厚圩联络指挥的军委代表。于是，以袁汉澄为代表，七十四旅以营长卢寿椿为代表、七十三旅以地下党员郭如岳为代表，赶往固厚圩，详细地向左权、王稼祥、刘伯坚报告了起义的准备工作和季振同提出的两项要求。

左权仔细地了解了季振同的个人情况，认为必须慎重考虑他提出的问题，以争取暴动成功。左权从卢寿椿那里了解到，季振同是河北沧州人，生于一个有着两千多亩土地的大地主家庭。他出身行伍，因有胆识、有魄力，机敏过人，有名豪大侠的气概，在西北军攻占陕州、洛阳、郑州、开封中屡立战功，争取季振同起义，不但可以扩大起义部队的力量，而且便于控制局势。但是，到14日暴动，还有九天时间，为时太久恐被泄露。为此，左权令红十二师师长陈光派出便衣侦探，密切注视广昌和宁都一带的动静，同时和王稼祥、刘伯坚请示军委同意后，做出了如下决定：

一、同意将起义时间推迟到12月14日黄昏。二、暴动胜利后，二十六路军改番号为中国工农红军第五军团，下辖十三、十四、十五三个军。由季振同任红五军团总指挥；赵博生任红五军团参谋长兼十四军军长；董振堂任红五军团副总指挥兼十三军军长；黄中岳任红十五军军长。

12月14日黄昏，宁都城内全部戒严，由七十四旅二团换岗换哨，总指挥部电台、二十五师师部电台和专与蒋介石联络的特务电台奉命立即关机，人员一律离开机器，由学兵连、执法队分别控制。还不到6点钟，总指挥部所在地基督教堂已经灯火辉煌。赵博生以执行南昌行营“进缴”为名，宴请二十六路军团以上军官。席间，将不同意起义的七十五旅旅长张方昭、八十一旅旅长王恩布以及王天顺等三四名团长当场押了起来。

这时，城内通往城外的电话全部切断，地下党员、执法队员孙步霞根据预先规定的全军行动信号，立即鸣枪三响。宁都沸腾了，呼叫声、奔跑声、枪声响成一片。

△ 宁都起义旧址

左权、王稼祥、刘伯坚从电台上收到的电讯得悉，起义成功了！整个二十六路军全军一个总部、两个师部、六个旅部、十一个整团、四个独立营、一个总部直属队，共一万七千多人，携带两万多件武器全部暴动了！

起义一胜利，左权立即将策应宁都起义驻防会同地区的红四军撤至石城，以三个师分驻洋池、屏山、珠坑、秋溪等地，防止二十六路军在整编中发生意外事变。命令陈光率红十二师立即进军宁都，待二十六路军离开后，驻防宁都县城。

16日清晨，起义的主要领导人赵博生、董振堂、季振同在左权的陪同下，率全军向石城的龙冈、横江、秋溪前进，并在那里接受整编。按照红军的建军原则，中央军委选派了一批共产党员担任红五军团各级政治领导工作。由于原二十六路军的军官大都是日本士官生、保定军校生、冯玉祥西北军官学校的毕业生，为了做好争取他们的团结工作，中革军委选派到红五军团以上的政治委员基本上是既懂军事又懂政治的留学生。左权被派往红十五军任政治委员兼政治部主任。

左权在策动宁都起义和改编起义部队方面，发挥了积极作用。他担任改编后的红十五军政治委员后，建立了革命军队的制度，使红十五军成为一支战斗力很强的部队。1932年春，左权率红十五军参加了赣州战役。这是红十五军改编后第一次在战场上亮相，表现出了勇猛顽强的大无畏精神，打出了军威，经受了战火的考验。同年4月，左权又率领红十五军从千里之外的赣南出发，一路上斩关夺隘，为漳州战役的胜利作出了重要贡献。漳州战役后，为了教育红十五军这支起义部队，左权组织了排以上干部到漳州参观，教育部队严格遵守城市政策和群众纪律，强调要学习苏联红军。这一做法,得到了毛泽东的好评。由于红十五军模范执行纪律，买卖公平，对老百姓和气，给漳州人民留下了良好印象。

体贴入微

☆☆☆☆☆

（26 岁）

左权对下级、对战士亲如兄弟，情同手足，关心备至，体贴入微。

在行军途中，当发现有的战士脚起了血泡走不动时，他把自己的枣红马让给战士骑，自己为战士扛枪步行。部队宿营后，他常常到各宿营地检查，帮战士们关紧门，盖严被子，以免战士们受凉。

在那个年代，八路军的基层干部、战士主要来自贫苦农民，作战英勇，工作踏实，但文化水平很低，多数是文盲或半文盲，要他们识字、写文章，比上天还难。左权帮助身边一个又一个干部、战士摘掉了文盲帽子。

景伯承年龄不大，可资历不浅，是从中央苏区走到陕北来的红军，但就是没有文化。他看到一些战友能写会画，十分羡慕。有一天，他从战斗连队调到总部，给左权当警卫员，来到左权办公室报到。他原来以为首长是个大官，一定很严肃，心里有些紧张。没有想到左权态度和蔼可亲，见到小景，就拉着他的手，亲切地问道："小鬼，多大了？"

"报告首长，17岁啦！"景伯承回答道。

"读过书没有？"左权接着又问。小景紧张的情绪放松了一些，大声地回答道："7岁那年读过几个月，现在都忘光了！"

左权听后笑了，站起来，走到放有书籍、纸、笔的桌子旁，一边坐下，一边招招手说："来，你认认看。"

说完，在一个小纸条上写了"无产阶级的战士"七个字，景伯承又紧张起来，他接过纸一看，纸条上的七个字，只认识两个，其余的都不认识，急得头上直冒汗。

"不要紧，你能识几个，就读几个。"左权鼓励地说。

七个字，他只读对了"的"、"士"两个字，以为首长会瞧不起他，可能要挨批评。可是，左权却笑着说："不错，能认两个字。来，还有几个我教你。"说完，用手指着另外五个字，一个个念了起来，每念一个字都要小景跟着念一遍。还从读音、笔画顺序，一笔一画地教，直到他会了为止。然后，又教小景认字的方法，交代如何安排时间。

当天，景伯承一个字一个字地读，一个字一个字地写。读了写，写了背，反复多次。晚上，送开水的时候，他鼓起勇气，把自己默写出来的七个字送给左权看，说："参谋长，你看对不对？"

左权看了后，点点头夸奖说："不错不错！聪明的娃娃。"接着，他抚摸着小景的头，鼓励道："好好学习，长大了为革命多做工作。"

在左权的鼓励和帮助下，小景在认真履行本职工作的同时，抓紧时间，学习文化，不到半年的工夫，认识一千多个字，能看书，还能写不太长的家信。

左权不仅教景伯承学习文化，而且还关心他的身体健康。一个炎热的夏天，小景突然病了。他躺在床上，发着高烧。一会儿迷迷糊糊地睡了，梦见自己在行军途中回了家。五六年没有回家了，见了家里亲人多么的亲热。妈妈一把将他拉在怀里，用手抚摸着他的头。景伯承抑制不住内心的激动，禁不止高喊一声："妈！"

惊醒一看，副参谋长的温暖的手正抚摸着他的额头，啊，原来是在做梦！

左权见小景已经醒了，便问道："病好些吗？想吃什么，叫卫士长他们去做点儿。"

小景没有说什么，左权又问道："想家了吧？"

景伯承不好意思地点了点头。

"想家是人之常情，我们打日本，就是为了保卫自己的家，有家就有国，有国也有家。想了，可以写信回去问候他们，告诉他们你在打日本侵略者，保卫家乡救中国！"

小景无比激动地说："是，我要写信告诉家里，我要跟着首长去打日寇，不打败日寇不回来！"

"好，有志气。"

晚上，景伯承给家里写了一封信。没多久，他跟左权一起，随八路军总部开赴华北抗日前线。

左权关心同志在细微之处。在他与刘志兰举行婚礼的时候，由于总部作战科科长王政柱跟随彭德怀副总司令去冀南，无法参加，也没赶上喝喜酒。他为自己的部下错过这次难得的“改善”生活的机会而遗憾。一个月后，王政柱外出归来，左权专门从当月的五元津贴中，拿出一元补给给王政柱做喜酒钱。握着这一元钱纸币，王政柱心里热乎乎的，他怎么也舍不得花掉。五十多年后，他将珍藏的这张纸币，捐赠给潞城县北村八路军总部纪念馆。

在山西辽县麻田镇，至今流传着左权关心下级的一段佳话。1941 年春天，八路军总部迁到麻田镇附近的一个村庄。几十户人家的村庄，突然来了这么多部队，房子显得十分紧张。连过去一直没有人住的破庙和破草房，也住满了指战员。这节骨眼儿上，总部特务团三连有一位战士的爱人，突然来部队探亲。这件事使连里同志很犯愁。连长、司务长以及这位战士所在班里的同志，都在为找不到一个单间房子而着急。左权感觉到他们有什么急事，就问道：“什么事让你们急成这样？”

战士们七嘴八舌地把事情的缘由告诉了他。

左权笑着说："我还以为是什么事呢，不用麻烦老乡了。你们也不用着急，跟我来，我有个好办法！"说完，他伸手接过这位战士妻子手里的行李，说："来，一块儿跟我走！"

左权领着那个战士和他的爱人往自己住的那两间破庙堂走去，把行李往桌上一放，指着自己的床铺说："你们两口子就在这里休息吧！"

这位战士惊奇地说："首长，不，不，这不成。"

左权风趣地问道："怎么，嫌这个地方不好？"

"不是不好，这里首长要办公、要休息啊！"

没等那战士说完，左权说道："我们都是八路军战士，在一条战壕里与敌人打仗，你不是见过打起仗来，我就蹲在山洞里，就在野地里工作吗？办公也不一定都要在房子里啊！"

那位战士无法说服首长，但还是感觉不妥，说道："首长，您没有地方休息了。"

"不要推了，我自有办法。"左权说着，就走开了。

晚上，左权又在作战室里忙到深夜。等战士们都睡熟了，才悄悄来到那个战士的班里，不声不响地躺到这位战士睡觉的草铺上休息。

直到第二天早上，战士们起床时，才发现副参谋长睡在他们中间，连队战士们十分高兴。

左权关心、爱护指战员，干部、战士们尊重他，信任他，有心里话，愿意与他讲，有问题能大胆地向他反映。有一天，左权来到特务团六连驻地下口村老槐树下，被战士们围了起来，炊事员老王递上烟锅，让左权抽，说道：“首长，俺们连长的老毛病又犯了！”他稍作停顿，然后说，那天凌晨3点，连长吹响了紧急集合的哨声。规定5分钟内全连干部战士要全副武装到达集合点。这时，九班战士赵晓荣迟到了，加上身上披挂不齐跑步时有响声，连长不准他入列，当场罚他立正，还狠狠地训斥了几句，小赵回到班里就哭了起来。

说曹操，曹操就到了。连长唐万成从连部出来，看到战士们与副参谋长在一起，急忙走了过来。左权把他叫到清漳河边，在一块大清石上坐下。严肃地说道：“唐万成，宁都起义到现在多少年了？”

唐万成回答道：“11年了。”

“哦，11年了。”左权加重语调地重复了一遍唐万成的话，接着说：“11年，已经不算短了，你怎么还没有把一个头号打倒哩！”

唐万成从小父母双亡，1930年碰上冯玉祥的西北军，连长李青云收留他当了马夫。1931年他所在的国民党第二十六路军在宁都起义，改编为红十五军。那时，他认识了军政委左权。当时，起义部队的军阀主义相当严重，打骂、处罚被当做管理士兵的唯一手段。左权在整训中，按照古田会议精神，成立了各级士兵委员会，强调上下一致、官兵一致。他还在部队提出了一个响亮的口号："军阀主义是头号敌人，必须首先打倒它！"

唐万年作战勇敢，屡立战功，红军改编八路军后，被调到总部特务团警卫六连任连长。

听了左权的批评，唐万年的脸上红一阵紫一阵，但他还是觉得事出有因，于是，辩解地说道："副参谋长，我承认有错误，但像小赵这样的战士拖沓迟到，这兵还咋个带？"

左权说："你别跟我诉苦了，我担心的倒不是你的带兵威信，而是担心你会把兵带得灰沉沉的，怎么去作战？"

左权与连队的战士常在一起，对每个战士的情况都很熟悉。赵晓荣，脑瓜灵活，打仗时点子多。一次，在反"扫荡"战斗中，他和几个战士掩护全连转移，战友们牺牲了，为了迷惑敌人，他把帽子、衣服脱下，挑在树枝上，打得很出色。在槐树下，那些战士们已向副参谋长讲了赵晓荣迟到的原因。左权故意问道："赵晓荣为什么迟到？"

唐万成回答道："调皮，不守纪律呗！"

"哦，这么说，夜晚紧急集合，他是故意迟到的？"左权问道。

唐万成说道："我想是这样的。"

"我想是这样的？"左权重复唐万成的话后说："做工作单凭想象行吗？他拉了三天肚子，浑身无力，夜里还发烧，这些你了解不？"左权接着讲了一件往事。赵晓荣参军不久，上山去背柴，天黑迷了路，一个人走到东阳关方向去了。

唐万成当即报告说："小赵开小差回家了。"

左权纠正了唐万成的说法，说道："可是过了三天，他又摸了回来，身上衣服都刮破了，还扛着那捆柴。"

唐万成不吭声了。左权见他没词了，口气缓和下来，说："万成同志，人民把优秀子弟送给八路军，党把二百多个战士交给你们，责任有多重啊！这个家，你们要当好，就要对每个士兵有全面的了解。"

经左权的教育与帮助，唐万成改正了简单、粗暴的缺点，不仅改变了对小赵的态度，而且，与全连战士的关系更融洽了。

过了一段时间，左权又来到了六连，问战士们："你们连长还骂不骂人？"战士们笑着摇摇头。左权笑着对唐万成说："再没有人向我告你的状了，要方法和态度对头，还要大胆管理。"

左权对下级关心备至，体贴入微，即使批评教育，也是循循善诱，深受干部战士爱戴。

教授出身的革命家、时任晋冀鲁豫边区政府主席的杨秀峰称赞左权说："和蔼近人，循循善诱，批评亦入情入理，能顾及被批评者各种情形和条件，所以容易收到心悦诚服之效。这是一般人所难能经常做到的。”

 理论联系实际的人

☆☆☆☆☆

（25–27 岁）

左权从苏联回国后，受中央军委指派，来到中央革命根据地，在这块红色的土地上战斗近五年。他坚持从中国革命战争的实际出发，把所学习的军事理论与中央苏区武装斗争实际结合起来，执行灵活机动的游击战、运动战的战略战术，战绩显著，才华出众。当时，毛泽东多次夸奖说：“左权吃的洋面包都消化了，硬是个两杆子都行的将才呢！”

20 世纪 20 年代末 30 年代初，在我们党内盛行教条主义倾向，这种错误倾向的主要特征是，把马克思列宁主义理论教条化，把苏联经验和共产国际指示神圣化。这种错误倾向，以王明为代表的宗派小集团表现最为突出。

王明等人在留苏期间，系统地学习了马克思列宁主义理论，亲身体验了苏联社会主义生活，经历了苏联党内的风风雨雨。本应在中国革命中发挥积极作用。然而,他们没有将所学的知识消化掉。

他们标榜自己为“真正的马克思主义者”、“百分之百的马克思主义”，看不起红军和革命根据地的经验。认为毛泽东等人是“土包子”、“山沟里出不了马克思主义”。把马克思列宁主义教条化，照抄苏联经验和共产国际指示。他们不懂军事,在第五次反“围剿”即将开始之际，共产国际派的军事顾问李德从上海来到瑞金。他是左权在莫斯科伏龙芝军事学院的校友，曾任苏联红军一个骑兵师的参谋长。1932 年春受共产国际指派，来到中国。

李德是德国人，蓝眼睛，黄头发，瘦高个，戴着近视眼镜，脾气暴躁。博古把这个初来乍到的外国人当做座上宾,赋予李德‘主管军事战略、战役战术领导、训练以及部队和后勤的组织等问题”的大权，全权委托他指挥第五次反“围剿”。李德被安排建在稻田中央的一栋独立房子里，他把苏联红军的那一套全盘搬到中央苏区，凭着一部电话机、一副很不精密的地图，在“独立屋”里发号施令，主观武断，大包大揽。在军事部署上，连一个营、连驻防在什么地方，一挺机枪架在哪里，都要做出明确的指示，完全扼杀了广大指战员的主动性和创造性，结果把很好的革命形势搞垮了。

左权在苏联留学五年，先后在莫斯科中山大学和伏龙芝军事学院深造，系统地学习与掌握了马克思列宁主义基本理论和军事理论，有厚实的理论功底。在这方面与王明等人有相同之处。他与王明等人不同之处，在于对待马克思主义理论，对待苏联和外国军事理论和战争经验的态度上。他注重把握其精神实质，联系中国革命战争的实际，创造性地加以运用。具体表现在，坚持毛泽东总结的红军游击战的战略战术原则，并且根据条件的不同，即根据作战对象、作战环境的不同，灵活机动地运用。

左权是勤于动脑、善于思考、原则性强的人。觉察到“左”倾冒险主义在军事上的错误，敢于表明自己不同的观点，并提出合理建议。左权强调从中国革命战争实际出发，并不否定理论，并不排斥包括苏联在内的外国的战争经验。他在闽西根据地工作期间，曾给中央写过不少军事报告和调查报告，毛泽东喜欢“有文化”的人，对左权的文笔十分欣赏，认为他思维缜密，文字简练而深刻，夸他“两杆子都行”。

在中央根据地，左权随身带着马列著作、一些外国军事名著。在他的案头上除了党中央、毛泽东和朱德的文件著作之外，还有俄文版的《列宁全集》、《苏联红军丛书》以及伏龙芝、苏沃洛夫、克劳塞维茨等人的军事著作以及曾国藩、左宗棠的文集。他总是叮嘱团、营一级的前线指挥员，如果缴获了书籍，一定送给他看。即使行军打仗，他也要带一些书，一有空就抓紧时间阅读，做学习笔记，写心得体会。

他抓住间隙时间，译著了《苏联国内战争之红军》、《苏联红军中党的工作规划》、《苏联国内革命战争的教训》，编写了《军语解释》，分别发表在瑞金出版的《红旗》、《革命战争》等刊物上。《苏联国内革命战争的教训》一书由中革军委发行所刊印一万册。这在当时的条件下，是相当可观的数字。

阅读外国军事书籍时，注重联系中国革命战争的实际，从中获取有益的借鉴。这是左权读书的特点之一。在为《苏联国内革命战争的教训》一书写的序言中，他指出，本书具体地总结了苏联国内战争的经验教训，这对粉碎国民党的第四次“围剿”的大举进攻是很有意义的。

军事学术研究，对于提高部队军事理论水平和部队指战员素质有重要的促进作用。左权对此颇有兴趣，不过，他的研究不是脱离实际的空泛议论，而是紧密结合红军实际，着眼回答与解决现实问题。1934 年春，中央苏维埃政府决定，在中央苏区开展“红五月”运动，于是，在中央苏区掀起了参军热潮，一时间，大量新战士补充到红军队伍中。为了帮助这些新战士尽快地提高军政素质，左权撰写了《怎样使新战士很快成为熟练的战士》一文，发表在当年 7 月 10 日出版的《红星》报第五十二期上。该文提出了新战士需要训练的内容、训练方法；对辅助教育、党团组织保证和上级领导与督促检查，作了深入浅出的论述。他在文章中特别强调生动活泼的教学形式，坚决反对“一切刻板式的教育，一切不顾群众心理，枯燥无味的讲课，不顾新战士适合集体生活程度的硬干蛮干以及不联系实际情况的教育等”。

左权与军校结下了不解之缘。他踏进革命根据地，在闽西苏区就从事军校教育与组织领导工作。1932年又从红军野战部队调到中央军事政治学校担任军事教员。在教学中，经常给学员讲授苏俄的军事思想，他总是教育大家，要面对中国“围剿”和反“围剿”的战场。因此，他常常说，苏联红军的战术给了我们很多的帮助、许多示范的教育、许多精神上的鼓励。

无论是在军校分校，还是在中央军校，或者给部队指战员讲课，他丰富的学识和引经据典、由浅入深的教学方法，深受军校学员欢迎。通俗的例子把学员们逗得哈哈大笑，疑难问题也就迎刃而解。

在军校授课是这样，给部队讲课也是如此。1932年，他任五军团第十五军政委时，杨得志是一个团的团长，才22岁。年轻人好奇心很大，听说他上过黄埔军校，到苏联留过洋，是个知识分子，经得多见得广，便请求左权给他们团上一课。特别要求讲一讲苏联红军的情况，因为指战员都把苏联看做是革命的榜样。左权欣然同意了。

那天，他手头一张纸片也没有拿，滔滔不绝地从马克思列宁主义的原理，讲到列宁和斯大林领导的苏联红军，既通俗又生动，既有理论又结合实际，大家都听得入了神。

左权理论联系实际，不论是在作战还是在军校教育中，都表现出鲜明的特色。毛泽东关于“左权吃的洋面包都消化了”的评价，是形象与客观的。

组建侦察科

★★★★★

（28-29 岁）

1933 年冬天，国民党五十万大军的烟云弹雨，笼罩了中央苏区的版图。

红一军团于江西永丰县藤田整编后，由三

个师、九个团组成，每个师有五千多人。部队时而东走黎川，时而西顾永丰，或乐安，或宜黄，或南丰，在敌人的堡垒与重兵之间，疲惫和消耗了自己的兵力。

红一军团团长林彪、政委聂荣臻深感在军务繁忙中缺少一个好的参谋长。原来的参谋长徐彦刚已调往湘鄂赣任司令员去了。于是，10月中旬，军委任命左权为红一军团参谋长，12月底他到职上任。

对于左权的到来，林彪和聂荣臻非常高兴。

在他们的印象中，左权除了具有指挥员所必需的战场经验和坚强意志外，还具有一些非凡的精神素质。他不像别的留洋回来的人，摆架子，给那些在战火中成长起来的军事指挥员扣上"狭隘经验论者"的帽子，而标榜自己是有理论修养的百分之百的布尔什维克。他不图名利，是一个十分淳朴和本色的共产党员。

参谋长到任，林彪和聂荣臻趁过年准备了一顿年饭。这时，由于国民党的军事进攻和经济封锁双管齐下，根据地很困难，除了前线部队能吃饱饭，后方人员只能吃定量的"包包饭"：先把米用秤分好，再用小袋子装着放在锅里煮，一天两顿，一顿就是一小袋。江西不出盐，吃盐就是吃金子，一块大洋只能买几两甚至几钱盐。部队因营养差，夜盲症越来越多。战士们不得不在晚上点起火把，到水田里捉泥鳅、田螺来改善生活。

林彪和聂荣臻准备的年饭自然是淡薄的，但这顿淡薄的年饭也被国民党的飞机炸掉了而没有吃成。

军团参谋长是军团长、政委的第一个助手和代理人。他要善于体察军政首长的战略意图、战术方针，并根据这些意图和方针组织作战、监察实施，其他诸如补充兵员、筹划粮草、制造弹械、布置通讯侦察、组织转送伤员等等事无巨细，无不亲自运筹。左权出任红一军团参谋长之时，蒋介石已将福建事变镇压下去，又回头来全力进攻中央苏区，构成了对中央苏区的四面合围。

左权上任之时，正是第五次反“围剿”最艰苦的阶段。部队行军作战频繁，参谋部门的工作更是千头万绪。左权恪尽职守，与军团指战员一道，努力扭转王明“左”倾机会主义路线造成的不利形势。

为了保存红军主力，左权作为参谋长，认为有必要在战术上避开与敌人硬打硬拼，在态势上采取有利于红军的行动，迫使敌人暴露弱点，以便先让一步，后发制人。为此，左权向林彪和聂荣臻建议：组建军团侦察科，用以及时地获得准确的情报，研究敌情，捕捉和利用战机，使数量上处于劣势的红军，因利用战机而使战斗力的对比变成相对优势。左权的建议，得到了林彪和聂荣臻的支持，他立即着手组建军团侦察科。

1934 年 5月，左权正式组建军团侦察科，经考察，决定调模范红五团团长刘忠担任侦察科长。

7月上旬，蒋介石调整部署，依托堡垒同时从六个方向进攻中央苏区的腹地。兴国、古龙岗、宁都、石城、宁化、筠门岭相继处于敌人的凶峰之下。敌军作向心推进，李德等人指挥红军，提出“六路分兵”、“全线抵御”的消极防御战略，既不敢向敌人的后方打击，又不敢放手诱敌深入。

8月初，敌军已将主力集结于闽西朋口南北地区，正向长汀运动。左权命侦察科摸清敌人的前进时机、到达地点、经过道路和阵地、兵力部署、动作方法，并进行实地测图，用埋伏的方法捕捉敌人的侦察。

刘忠率侦察部队进抵长汀东南朋口以西的温坊，侦知敌军李玉堂第三师的第八旅两个团作为先头，由清流出动，正在温坊一带构筑工事。刘忠捕获了一名敌军俘虏，证实敌人后续部队尚在清流没有行动。刘忠立即用电台将这一情况报告军团首长。

左权和林彪、聂荣臻一致认为，弱军对强军作战，必须调强军的弱者打。虽然红一军团处在敌人之间，李玉堂的第三师、李延年的第九师、李默庵的第十师、宋希濂的第三十六师，共计四个师集结于朋口、莒溪、壁洲、洋坊尾一带，但第三师的第八旅两个团长已脱离敌主力十多里之外，而且立足未稳，阵地尚不巩固。只要严密封锁消息，不失时机地集中优势兵力，包围迂回这两个团，实行速决，必能一举歼灭。

中革军委朱德同意红一军团的报告，并指示红一军团、九军团和红二十四师由林彪、聂荣臻统一指挥。左权随之协助林彪、聂荣臻对各参战部队作了具体部署。温坊战斗从8月31日夜间发起，致9月3日结束，共歼敌四千余人，取得了第五次反“围剿”以来的一次大胜利。

刘忠回到军团司令部，左权表扬了他和侦察科的同志们，并鼓励他在军事形势逆转的情势下更加努力完成侦察任务。

随后红一军团的侦察队伍逐渐建立起来了。司令部有一支40人的便衣侦察队，都是经过选拔的连排干部。战时分散侦察敌情。每个师配制一个侦察连，另外还有小炮班、便衣班，约半个营的兵力，团设有侦察排，三个步兵班，一个机枪班，一个短枪班。全军团的侦察力量共有一千五百多人。

拳拳赤子心

☆☆☆☆☆

（18–32 岁）

悠悠思乡情，拳拳赤子心。左权在离别醴陵黄猫岭，踏上不归路后的 18 年里，无比思念母亲，无比思念叔叔、哥哥、姐姐和其他亲人。母亲哺育了他，家乡的山水养育了他，叔叔和其他亲友帮助、支持着他，哥哥、姐姐呵护着他，他的心与家乡联系在一起，与亲人联系在一起。

他的母亲出身贫寒，但她给了左权最宝贵的东西——优良的品德和无尽的关爱，也给了他依依难舍的牵挂。1923 年 12 月，左权在赴广州前，由醴陵回到黄猫岭，向母亲和家人告别。晚上，在微弱的清油灯下，母亲为要出远门的儿子赶制棉衣，左权坐在母亲身旁，看着母亲的身影，思绪万千。“慈母手中线，游子身上衣，临行密密缝，意恐迟迟归。谁言寸草心，报得三春晖。”唐人孟郊的这首诗感动千年，波动着无数游子的心弦，也波动着这个即将出门的游子的心弦。

母亲虽然没有文化，但通情达理，对左权寄予了希望。她嘱咐说："真是舍不得你走。猛然间一下子走了,心里很是不好受。可你的前程要紧啊!你在外面学习要专心，做事要尽力，不要惦记这个家。”

左权安慰着母亲，却已是热泪盈眶，说一定会经常回来看望母亲。

从投身革命的第一天起，到壮年以身殉国，为了党和人民的事业,他几乎没有回过家。“人非草木，岂能无情?”左权对家乡、对亲人一往情深，充满了爱。赤子之心，日夜萦怀。“母亲!您好吗，家里的人都好吗?我时刻牵挂着!”这就是他在家书中吐露的埋在心底不尽的思念。每当他踏上新的征途，就给家里写信，问候母亲、问候叔叔、问候兄长，介绍时局大势，说明自己的理想信念，争取亲人的理解和支持。

他到广州后，无论时间多么紧张，总是每月给家中寄一封信，询问母亲的情况。后来，左权赴莫斯科留学，他想到自己所献身的革命事业，不知何年是归期，因此在临行前给亲人们写信，表示：我将东渡，恐十年不能回家。老母赡养，托与长兄毓麟。

大革命失败后，第一次国共合作破裂，整个中国处于白色恐怖笼罩之下，中国共产党奋起武装反抗国民党反动派，开创“工农武装割据”的革命新局面。左权在苏联伏龙芝军事学院留学毕业回国，踏上祖国的土地，思亲情意更浓。按照人之常情，离家数载，应该回家看看。然而，此时的中国，工农和其他处在社会最底层的阶级和阶层的广大民众，处在水深火热之中，中国共产党人为着被压迫、被剥削阶级的解放，正奋战着，革命武装斗争第一线在向他召唤。1930 年 6月，左权奉命到闽西革命根据地投身武装斗争。

在离开上海前夕，他给家里写了一封信，信中又一次写道：“我虽回国，却恐十年不能回家，老母赡养，托与长兄，我将全力奉献革命。”并将千辛万苦从苏联带回的两箱俄文书籍邮寄回家，他辗转来到中央苏区，投身于轰轰烈烈的土地革命战争，驰骋于福建、江西革命根据地。中央苏区离他的家乡更近了。可他更不可能回家探望亲人，这不仅因为有很大风险，而且更因为他要全力贡献革命。

常言道："滴水之恩，涌泉相报。"左权年幼丧父，其叔父左铭三对他关怀备至，教育有佳。"铭三叔对我的教诲最多，帮助也最大"，这些好处，左权时时不忘，立志"在外面好好干，将来以事业的成功来报答"。

1937年7月，日本帝国主义发动了全面侵华战争，中华民族处在危亡关头。中国共产党高举抗日救国的旗帜，把打败日本侵略者作为党的奋斗目标。左权把报恩之情融入党的奋斗目标，融入争取民族解放的伟大事业。1937年8月，中国工农红军改编为国民革命军第八路军，左权任八路军副参谋长。他和朱德、任弼时同舟渡过黄河，辗转进入太行山区。途中他写信给叔叔，介绍卢沟桥事变后的形势，表达自己对祖国命运的关注，抒发赶走日本侵略者的崇高抱负。

他在信中写道："叔叔！我虽一时不能回家，我牺牲了我的一切幸福为我的事业来奋斗，请你相信这一道路是光明的、伟大的，愿以我的成功事业，报答你与我母亲对我的恩爱，报我大哥对我的培养。我今日即上前线途中。我们将以游击运动战的姿势，出动于敌人之前后左右各个方面，配合友军粉碎日敌的进攻。"

他认为，中国的抗战是艰难、持久的，但是，胜利最终是属于我们的。他在信中说："我军已准备着以最大艰苦斗争来与日军周旋"，"没有坚持的持久艰苦斗争的精神，抗日胜利是无保障的"。

同年12月3日，他又给母亲写了一封长信，揭露了日本侵略者的暴行和野心："日寇不仅要亡我，并要灭我之种。"表达了不畏艰辛、抗战到底的决心："不管怎样，我们是要坚持到底的"，"我军将士都有一个决心，为了民族国家的利益，过去没有一个铜板，现在仍然是没有一个铜板，过去吃过草，准备还吃草"。

以血缘为纽带的亲情，是人类发生情感的起源，是对乡亲、对群众、对民族、对国家爱的基础。左权把母亲和亲人的情感与关爱融入到党的革命事业之中，把亲情转化为革命情、爱国情。他一次一次在家信中说，要以自己革命事业的成功，来报答母亲、叔父和大哥的养育之恩。他对家乡亲人的养育、教诲一直深怀感激，这种知恩图报的朴素感情和中华民族的传统美德，与马列主义的真理融会贯通，升华为为民族献身的精神。

生命高峰

（1935—1942）

长征路上

☆☆☆☆☆

（30—31 岁）

由于“左”倾冒险主义错误指导，中央苏区第五次反“围剿”失败。1934 年 10 月，中央党政机关和中央红军被迫进行长征。起初并不叫“长征”，而是叫“大转移”，也没有打算走那么远，只是准备转移到湘西地区，与那里的红三军（后来改为红二军团）、红六军团会合。

在长征前夕，红一军团在福建打了温坊，奉命回到瑞金。林彪与聂荣臻提前一天赶到瑞金。周恩来与他们单独谈话，说明中央决定红军做战略转移，要他们秘密做好准备，但目前不能向下透露，也没有说明转移方向。转移之前，要一军团到预定地域集结。

林彪、聂荣臻回到军团驻地后，心情特别沉重。左权在与他们交谈中得知中央决定红军作战略转移的消息。他们交代左权，根据军委命令，红一军团在战略转移前先到兴国抗击周浑元纵队的进攻，以便掩护各路红军到达预定集结地域，进行战略转移准备。左权感到形势的严峻，首长没有讲转移方向，他知道这很机密，也不便多问。于是，根据首长的指示，又忙碌起来了，草拟命令，向各师布置第二天的军事行动，检查直属队准备的情况。第二天早上，红一军团向兴国开进。抵达兴国以北的高兴圩后，立即投入战斗。

红一军团与原来在那里的红五军团一起阻击周浑元纵队三个师的进攻。敌人在这次进攻中火力猛烈，飞机、大炮轮番攻击，红一军团和红五军团的指战员进行英勇顽强的阻击，坚持到9月底才放弃了高兴圩，转移到预定的集中地域——瑞金以西的宽田、岭背等地。

10月16日以后,红一军团的部队先后离开红色政权的都城——瑞金，依依不舍地告别了根据地群众，跨过都河，走上了漫漫长征路。

中央红军转移的行动，蒋介石似乎有所察觉。他组织其嫡系部队追缴，命令广东、湖南的军阀进行防堵，在红军前进的路上设置层层封锁线严阵以待。

左权接到转移的命令后认为，全军转移，长途行军，保守秘密，确保安全十分重要，但具体行动安排也要周到细致，做到万无一失。他领导司令部各科科长研究部署了具体任务，指示侦察科长刘忠率领军团侦察部队迅速过赣江，到信丰、南雄、大余、崇义、南康之间的地区侦察敌人的兵力配置，查明工事、堡垒的构筑情况，弄清这一带的地形、道路，绘制行动图，报送军团司令部。左权听取他们的汇报，详细询问有关情况，然后向林彪、聂荣臻汇报，并共同研究制订红一军团的具体行动计划。

左权协助林彪、聂荣臻率领红一军团沿着事先周密侦察的线路由龙古嘴到龙江之间的渡口南渡于都河。由于广东军阀陈济棠与红军有双方停战秘密协议，红军很快就顺利突破了第一道封锁线，接着红军又突破了敌人设的第二、第三道封锁线。此时，蒋介石已看清了红军的战略意图，是与红二、六军团会合，急调四十万兵力在湘江附近地区部署了第四道封锁线。为确保中央纵队的安全，抢占有利地形，左权迅速命令红二师先头部队在全州附近的脚山铺一带构筑工事，阻击敌人。随后与林彪、聂荣臻一同仔细查勘地形。一致认为这里是扼守湘江和桂黄公路的咽喉要地，决定不惜代价，坚守脚山铺阵地，以保障中央纵队和红军主力渡过湘江，冲出敌人的封锁线。左权立即带领参谋人员深入前沿阵地，检查工事和火力配备，鼓励指战员的士气。在此后的五个昼夜中，左权协助林彪、聂荣臻指挥一军团各部同敌人进行了殊死的搏斗，在兄弟部队的配合下，终于使中央纵队和主力红军渡过了湘江。但付出了惨痛的代价，红军由出发时的八万多人锐减到三万余人。

红军突破第四道封锁线后，左权和林彪、聂荣臻率一、九军团沿湘桂边继续西进。红一师、红二师分别于12月11日和15日占领通道和黎平两座县城。18日中央在黎平召开政治局会议。参加会议的多数同志支持毛泽东提出放弃与二、六军团会合的原定计划，改向敌军力量薄弱的贵州西进，在川黔边建立根据地的建议。

中革军委于次日命令左右纵队向以遵义为中心的黔北地区挺进。1935年1月7日，红军占领遵义。15日至17日，中央政治局扩大会议在遵义召开。林彪、聂荣臻奉命参加会议。会前的1月14日，中革军委决定："一军团全部在林彪、聂荣臻未回前，统一归左权、朱瑞统一指挥。"为确保遵义会议的安全，左权和朱瑞命第二十师师长陈光、政委刘亚楼迅速攻取新站、松坎。随后，又令进驻桐梓、新站、松坎的一军团部队密切监视四川、重庆方向的敌人。

为贯彻总政治部关于发动群众，在四川、贵州创建新苏区的指示，左权和朱瑞组建了由军团政治部地方工作部部长吴亮平负责的宣讲团，积极宣传党的政策，教育群众组织起来为自己的利益为斗争，发动他们建立游击队和红色政权——革命委员会。由于群众工作开展得深入，共产党和红军的影响日益扩大，许多劳苦大众纷纷要求参加红军，一军团仅在桐梓地区就扩大了一千多人。

这期间，左权和朱瑞还遵照中革军委和林彪、聂荣臻的指示，对部队实行整编。红一军团出发时指战员两万余人，此时减至八千六百余人，其中红十五师只有两千余人。这次整编要撤十五师编制，将人员编入红一、二师。整编的重点是缩小编制，裁减机构，充实战斗部队。左权和朱瑞作了大量的政治思想，十五师师长彭绍辉、政委萧华都愉快地接受了新岗位，分别当了军团的教育科长和青年部长，其他师、团干部等也都作了合理的安排使用。在很短的时间内就完成了整编任务，将一军团编为红一、二师和教导营，加强了机关建设，增强了部队的战斗力。

1935 年 2 月 24 日至 28 日，左权协助林彪、聂荣臻率领一军团与三军团配合，在毛泽东的指挥下，在遵义地区击溃、歼灭国民党军两个师八个团，毙伤敌人两千四百余人，俘虏三千多人，取得了长征以来的一次大胜利。

1935 年 5 月 21 日，红军前锋到达泸沽，迎面而来的是波涛汹涌的大渡河。对岸有国民党杨森等部坚守，蒋介石又命令薛岳、周浑元部尾随追击。此时，军委决定由左权率领红二师第五团一部和军团侦察连向大树堡前进，担任佯攻，钳制和吸引富林之国民党军，以保证红军经冕宁北进，在安顺场强渡大渡河。左权率领从泸沽急行军，直指小相岭，在高耸的群山中神出鬼没，终于在通向大渡河的主要隘口小相岭消灭了全部守军。接着，攻取越西县城，打开监狱，将关在国民党县衙门里的几百个作为人质的彝民统统释放。这次行动对中央红军顺利地通过彝族区很有帮助。之后，左权带领部队日行一百四五十里路赶到海棠，追歼两个连的逃敌，并在彝民的配合下，活捉了越西县长。然后，翻过晒经关，攻占了大树堡渡口，一方面掩护红军右侧翼，一方面在那里佯渡，借以转移国民党军对安顺场方向的注意力，策应刘伯承、聂荣臻率红一师胜利地渡过大渡河。随后，部队沿大渡河东岸北上，直奔泸定桥。

5月底，毛泽东、周恩来带领的中央红军大部队，从泸定桥上走过，把尾追的国民党军全甩掉了。

6月，红军指战员以坚韧不拔的革命精神，克服重重困难，翻越了终年积雪、空气稀薄、道路险峻的夹金山。这时，左权、聂荣臻虽然患病，却常常把马让给别的同志用，自己随大队深一脚浅一脚地往上爬，终于爬上了夹金山首峰——海拔5002米的大洼梁子山顶。聂荣臻望着一片茫茫云海说："四川这地方多美啊！"左权说："夹金山可能是四川的一块宝地。全国胜利后，我一定再带队伍来挖它！"

7月，部队到达毛儿盖。驻守在这里的胡宗南的一个营被我前卫部队全歼后，反动土司和头人胁迫藏民把粮食埋藏起来，使红军指战员几乎天天要为粮食问题发愁。左权一面让同志们遵照总政治部的规定，采取非常措施，统一筹粮，统一分配；一面和炊事员商量，发动部队，并亲自带头采集野菜、野草作代食品，终于渡过难关。

草地千里沼泽，气候变化无常。部队通过时，宿营找不到有树丛的地方，又没有东西遮盖，雨淋在身上，冻得浑身哆嗦。一军团司令部仅一顶帐篷，是专供首长用的，可每次宿营，左权总是把身边的指战员叫去，让他们躺下来把头往帐篷里挤。同志们很感动，打心眼儿里称赞：“我们的参谋长真好。”9月17日，中央红军到达腊子口，左权和聂荣臻亲临前沿阵地视察，与红二师首长共同制定了腊子口作战方案，指挥部队消灭守军甘肃军阀鲁大昌所部，胜利地攻克了天险腊子口。

1935年10月，中央红军到达陕北。党中央、毛泽东决定在直罗镇一带，迎头痛击敌人。战前，左权和中央红军及十五军团首长都亲自察看了地形。之后，左权用手杖指着北方高山下的一个山坡，向军团直属队总支书记肖峰说：“主席在那个山坡上，你记下我的话立即去向主席报告。我们一军团于5点半钟已经在直罗镇东北协同十五军团的部队拦头阻击，一团在直罗镇西北大山上，一切都按照主席的批示作了布置。军团的指挥所随二师后尾跟进。请问主席有什么指示。你快去快回，到南山坡找我们。”

战斗打响后，国民党军一片混乱，溃逃四散。忽然，一股国民党军向军团指挥所的山头冲来，企图从这里逃跑。军团首长立即决定把后边的侦察连、工兵连调上来。同时，左权命令军团直属队所有人员都拿枪进入阵地，命令肖峰指挥警卫连守住指挥所附近的七个山头，决不能让这些“瓮中之鳖”逃掉。经过两个小时激战，将牛元峰的一〇九师和董英斌的一〇六师一个团合围全歼，师长牛元峰被活捉；其余的国民党军逃回甘肃的合水。直罗镇一仗的胜利，为党中央把全国革命大本营放在西北的任务，举行了一个奠基礼。

1936 年 2 月，林彪调任红军大学校长，左权代理一军团团长。10 月，红二、四方面军北上，与中央红军会师甘肃会宁。蒋介石惊恐万状，极欲乘

△ 1936年2月，东征红军将领左权（左一）、聂荣臻（左三）、彭德怀（右一）。

红军远征、部队疲乏、立足未稳之机，一举歼灭红军，连电催促前方部队抓住战机，一蹴成功。尾随红军的敌军遭到过红军打击，心有余悸，不敢放肆逼近；东北军也吃过红军苦头，也不愿打内战，行动消极；只有蒋介石的嫡系胡宗南的第一军，立功心切，穷追不放。左权和胡宗南以及他手下的两个师长丁德龙、李铁军都是黄埔一期同学，跟丁德龙尤其是湖南同乡、湘军讲武堂同学和黄埔一期六队的同学。左权以黄埔军校同期同学的名义，给他们三人都写了信，劝他们以民族大义为重，与红军携手抵抗日寇的侵略。并表示，红军的退避三舍，不是不能战，而是给他们以自省时机。如再苦苦相逼，红军只有奋起自卫一途，到那时玉石俱焚，悔之晚矣。

可惜他的这三个同学铁心为蒋介石的内战政策效命，自以为手握钢铁大军，而左权已被赶进了陕甘高原大山沟里，不日就擒，因此竟拿左权的信开起了玩笑。然后他们以胡宗南的名义回敬了左权一封公开信，要红军放弃阶级斗争，卷起苏维埃红旗。第一军部队不顾友邻的迟疑，孤军深入。丁德龙的七十八师大摇大摆地闯进了红军的袋型口子里的陇东山城堡，给红军创造了全歼孤军的机会。红军当然不会放过这一难得的良机。

按照红军前敌总指挥部的决定，参战部队由红一军团统一指挥。身为代军团长的左权将在战场上跟老相识丁德龙较量。丁德龙向来被人誉为文武双全的儒将，他也确实多才多艺，打仗是把好手。他曾在川北广元一带跟一期同学徐向前部队打了一仗，双方损失惨重。但红军补给困难，而蒋介石嫡系则能从损失中迅速恢复，因此这一仗可算丁德龙占了便宜。这次贸然急进山城堡，虽然态势不利，但他自恃武器精良，士气正旺，又有空中支援，竟然准备死守不退，在周围山头上修满了防御工事，利用堡垒和天然障碍筑起了一道坚固防线。

左权仔细权衡了敌我态势，他对部队将士分析说："打正规战、阵地战，敌人有优势火力，大炮、机枪、轰炸机，我们吃不消，攻坚也不是我们的拿手好戏。我的这位老乡、同学，已经把他的优势摆在那儿给我看了，红军擅长奔袭、夜战。"左权又说："这次给他见识见识红军的夜战本领。黑夜里打仗，他的大炮、机枪、轰炸机都成瞎子，有劲儿没处使，只要我们行动隐蔽、迅速，等他发现我们时，一切都晚了。单兵独立作战、近战夜战，敌人不行，我们可以趁夜取胜，趁乱取胜。"

在左权的周密布置和指挥下，11月21日夜战斗打响，敌人的大炮、机枪成了摆设。红一师师长陈赓带着一个突击团，人手一把大刀，摸上敌人阵地，见人就砍，敌人手上的兵器在暗夜的近战中成了吹火筒，只得慌忙逃窜。到第二天清晨，晨光接替朦胧月光的时候，敌人的主要阵地就全被红军占领。天亮以后，敌人的飞机来到了战地上空，此时在战地等着他们的只有一团团燃烧的烟雾和同伴们狼藉的尸体，红军大队早已凯旋了。

这一仗，狂傲一时的丁德龙，败在了左权、陈赓等老乡、同学的手下，又羞又悔，从此不再问兵，自已觉得希望尽失，潜心佛学，钻研易经去了。山城堡一战，红军声威大震，坚定了张学良、杨虎城停止内战、联合红军一致抗日的决心，成了第二次国内革命战争的最后一仗。

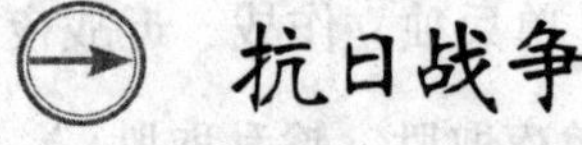

抗日战争

★★★★★ （32–35 岁）

1937 年 7 月，日军挑起卢沟桥事变，发动全面侵华战争，中国全国抗战由此开始。8 月，根据国共两党谈判达成的协议，中国工农红军主力改编为国民革命军第八路军，朱德任总指挥，彭德怀任副总指挥，叶剑英任参谋长，任弼时任政治部主任，左权任八路军副参谋长，邓小平任政治部副主任。改编后，部队随即由陕西出发，9月15日到达韩城县芝川镇，为总部和直属队东渡黄河做接应和准备工作。9月16日左权和朱德、任弼时、邓小平，同舟渡过黄河，进入晋西地区。途中，左权投书叔父，表达自己对祖国命运的关注，抒发为中国人民“自卫应战”的崇高抱负。他在信中说：“我们将以游击运动战的姿势，出动于敌之前后左右各个方面，配合友军粉碎日敌的进攻。我军已准备着以最大艰苦斗争来与日军周旋”，因为“没有坚持的持久艰苦斗争的精神，抗日胜利是无保障的”。

9月21日，左权随朱德、任弼时率总部到达太原，与先期抵达太原的彭德怀会合。随后他参加了中央军委前方分会会议，讨论山西抗战形势和八路军的战略部署问题。

9月23日晨，左权接到阎锡山来电，说日军第二十一旅团夜袭平型关，正与守军激战，请求支援。左权报告彭德怀后，即着手起草电文，命令第一一五师速向平型关灵丘间挺进，相机击敌。25日，第一一五师在平型关击毙日军第二十一旅团一千余人，击毁汽车一百余辆，缴获大批军用物资。

不久，彭德怀和左权、聂荣臻前往太原，向周恩来汇报并一起研究八路军行动计划。10月，左权协助朱德、彭德怀指挥八路军配合国民党进行忻口、太原战役。11月初，八路军总部深入太行腹地晋东南。太原陷落后，国民党溃军纷纷向汾河等处逃遁。

从此，八路军由配合国民党部队抗战，转向单独向日军开展游击战。

11月，左权出席朱德在和顺县石拐镇召开的干部会议，部署开展游击战争的任务。会议决定八路军第一二〇师进管岑山脉为支点，开创晋西抗日根据地，第一二九师以太行山区为中心，开创晋冀豫根据地，第一一五师留一部在晋冀豫边外，主力转到吕梁山区为中心，开创晋西南抗日根据地。左权在会上作了集中优势兵力、打歼灭战的重要讲话。他说："敌人一个联队相当于一个团，两千人，装备好。我们可以三个团打他们一个团。"

12月初，左权在洪洞县给母亲写了一封长信，叙述日军的滔天罪行："日寇不仅要亡我之国，并要灭我之种。"表示"我军将士，都有一个决心，为了民族国家的利益，过去没有一个铜板，现在仍然是没有一个铜板，过去吃过草，准备还吃草"。国难当头，他希望具有光荣革命历史的家乡父老兄弟，迅速觉醒，为民族解放和自由而战。

1938年1月22日，左权撰写了《论目前山西敌人动态与我军应采用的战术》一文，详细分析了日本侵略军在巩固后方交通线所采取的手段和存在的弱点，从战争实践中提出了中国军队应如何打击日军的15条战术原则。

2月，日军四万兵力在飞机、坦克的掩护下，分三路进犯临汾。当时，周恩来正在临汾八路军办事处，那里又有大批军需物资尚未运走。21日，朱德、左权从临汾率部奔府城（即安泽县），准备向上党盆地进发，创建与巩固太行山根据地。23日，日军苫米地旅团占领屯留县城后直犯府城。左权向朱德说："我们如果避而不战，总部是可以安全转移，避免危险；但是，如果能阻止敌人前进，就可以使临汾的军需物资运走，总部背后的友军可以安全转移。这一仗，看来非打不可！一定要拖住他！"朱德同意左权的分析，当机立断，部署兵力迎击日军。左权从朱德安全考虑，指示作战科长跟朱德转到十公里外的刘坦村去。次日，日军沿着山路直扑府城。左权带领特务团两个连及部分决死队战士迅速赶到府城左侧山头，指挥八路军顽强阻击，掩护群众转移。他坚持战斗在最前沿，直到深夜11时才最后离开山头，拂晓到达总部，向朱德报告战情。朱德把手中刚收到的某部急电递给左权说："需要派人去指挥作战。"他不假思索地接受了命令，带着一个骑兵班立即出发。在一个三岔路口，左权下马向乡亲询问关于府城敌情时，突然，一伙日军骑兵迎面袭来。这时，我骑兵骤然惊散，警卫速去驭马，形势一发千钧。左权从容拔出手枪，喊了一声："冲啊！"惊散的骑兵使劲朝他紧靠，在坳口卧倒，奋力抵抗。一名骑兵担心左权的安全，请求"首长赶快撤退"。"不行，往哪里退！我们还要去执行任务。"话音刚落，后续部队赶到。在左权沉着指挥下，终于打退

了日军连续不断的冲锋。

这次临汾遭遇战，歼灭日军两百余人，并缴获了大量枪支弹药。同时，由于我军奋力阻击三天三夜，争取了时间，使周恩来在临汾的工作得以顺利结束，并保证了府城至临汾四五十个村庄的群众安然脱险，国民党在临汾、洪洞的军政机关基本撤退完毕，我囤积在临汾的军需物资全部转运。

3月初，临汾失陷后，国民党绝大部分高级官员和机关人员争先恐后抢渡黄河，向陕西境内逃窜。根据中共中央“动员一切力量，争取抗战胜利”的精神，3月24日，朱德以第二战区副司令员，第十八集团军总司令名义，在沁县小东岭八路军总部召开了第二战区东路军将领会议。在会上，朱德、彭德怀讲了形势，讲了坚持华北敌后抗战的意义，对稳定友军情绪、坚定他们抗日的信心和搞好统一战线起了很大的作用。

左权在会上作了长篇发言，着重讲了华北抗战的战术问题。他指出，中国地广人多，军队数量多，全民抗战情绪高昂。但工业技术落后，装备差，交通不方便。在这种情况下，华北抗战的基本战术应是：第一，采取运动战，以灵活机动寻找敌人的附兵突击，消灭敌人的有生力量；第二，积极地向敌人动作，集中优势兵力突然地袭击敌人；第三，有灵敏的统一的指挥，恰当的协作动作，发挥部队的战斗力，战胜敌人；第四，发展游击战争，不断消耗敌人，分散敌人，使其困难不安，不易建立伪组织，收复失地，建立政权，团结群众，扩大抗日力量；第五，采取运动战与游击战配合的阵地战，使某些战略支点守备持久，消灭敌人，取得战斗或战役上的胜利；第六，在敌人的侧翼或侧后实施机动，往往容易取得胜利。

左权指出，由于华北战场日军已占领重要城镇和交通要道，我们处在敌人后方，而且被分割，不易联络、协同等情况，华北战场抗战的基本方针，是民众性的游击战配合基干兵团的机动战，不断地消耗敌人有生力量，消灭敌人。我军基干兵团的一切战斗，应以歼灭敌人为目的。击溃敌人一个联队，不如歼灭敌人一个中队、一个大队；歼灭敌人一个联队，胜于击溃一个师团。干脆地歼灭敌人，是战胜敌人的最好方法。会后，八路军总部举办政治训练班和游击战术训练班，吸收友军军官参加学习。左权向学员多次讲解我军游击战的战略战术原则，阐明中共坚持抗日正确主张。他还利用各种机会，广泛接触友军学员，包括国民党联络官陈荣揖和高级参议肖御寰等。在共产党正确政策感召下，友军学员中不少人的思想有所变化，能和八路军并肩作战。

4月初，日军以第一〇八师为主力共三万多人，从同蒲、正太、平汉铁路线及长治、屯留等地，分九路向晋东南地区大举围攻，妄图在武乡、辽县、

榆社地区消灭一二九师主力，并“围歼”八路军总部、第一二九师等部和部分国民党军。朱德、彭德怀和左权等制订作战计划，决心以一部分兵力和游击队在内线开展游击战，发动群众坚壁清野，消耗疲惫各路进犯之日军；主力跳出合围圈，转至外线涉县以北地区，待机歼敌。左权按总部统一部署，将八路军主力部队迅速调集武乡，以急袭手段，打击日军之主要一路。他说：“只要咱们歼灭了他这股主力，鬼子的九路围攻就会像癞皮狗打断脊梁骨一样。”15日黄昏，光复武乡县城。16日拂晓，又在长乐村一带咬住了南窜之日军。长乐村有个长长的沙石滩，日军进滩即如同钻进了一个天然的“口袋”。八路军以猛虎下山之势，在狭窄河滩将日军切为数段，血战一天，将其全歼。17日凌晨，日本苫米地旅团长带领一股援军从辽县赶

△ 左权任八路军副参谋长后，随朱德总司令、彭德怀副总司令率领八路军总部和部队，东渡黄河，深入华北敌后，开展独立的游击战争，创建敌后抗日根据地。图为左权（右三）与朱德（右一）、任弼时（右二）率部东渡黄河开赴前线。

来，企图挽回败局，但大势已去。战斗结束后，左权说："我们打了胜仗。现在大家准备好，把司令部的牲口都搞出来，去运送伤员和胜利品。"长乐村战斗的胜利，对挫败日军围攻起了决定性作用。晋东南反九路围攻历时23天，共消灭日军四千余人，八路军乘胜追击，先后攻克长治辽县、黎城等18座县城，使上百万人民群众从日军极端残暴的统治下解放出来。左权高兴地说，咱们军队和人民好比两个拳头，只要配合得好，日本鬼子就是有三头六臂，也不愁不打他个稀巴烂！

粉碎日军九路围攻不久，朱德、彭德怀赴延安出席中共六届六中全会，左权留在晋东南主持八路军总部工作。这时，各式各样的杂色武装在敌后出现。如屯留县有支自发的武装，虽有一定的抗日积极性，但动辄就向群众勒索，抢掠、胁迫群众的事情也时有发生，群众意见很大。左权决定根据中共改造杂色武装的政策收编他们。他指示参谋部四科科长林海云执行这项任务，并向林海云交代了步骤、方法及注意事项。经过争取、教育，很快就顺利地把这支几百人的队伍收编过来，改造成了英勇抗日的八路军部队。

10月下旬，日军占领广州、武汉后，开始调整侵华战略方针，把军事进攻的重点指向敌后战场，尤其是华北的八路军。

1938年12月，八路军前方总部在晋东南成立，朱德任总指挥，彭德怀任副总指挥，左权任参谋长。

12月，日本首相近卫发表声明，宣称要建立"东亚新秩序"。侵华日军接着叫嚷"巩固点线，扩大面的占领"。面对严重局势，中共中央十分强调敌后游击战的战略地位，提出了“巩固华北，发展华中”的方针。

为执行“巩固华北”的战略任务，适应华北敌后日益严峻的形势，八路军总部从抓首脑机关开始。当时，履行司令部职能的参谋处只设作战、侦察、通讯、机要四个科，每个科只有二三人。随着抗日战争的深入发展，战场不断扩大，部队的数量日益增多，斗争也更加残酷复杂。进一步加强八路军司令部的建设已成为迫在眉睫的任务。左权经过认真筹备，1938年12月，在潞城北村主持召开了晋东南部队参谋长会议，总结了八路军司令部工作的经验，从当时部队的实际情况和需要出发，参照苏军参谋业务，起草了八路军军、师、旅、团各级司令部暂行工作条例。建立和健全司令部各业务部门，明确职责，提出要求，制定规划，总结推广。

为使八路军更好地担负起巩固华北的战略任务，朱德、彭德怀、左权、傅钟根据中央的指示，于1939年2月、6月连续发出整军训令，要求各部队利用作战间隙，分期分批进行集中整训，进一步提高指战员的军事、政治素质。左权十分重视利用这次整军的机会，来健全、加强司令部的组织和工作，以此推动部队的整军。为进一步总结作战经验，检查落实整军的司令部工作情况，左权在请示朱德、彭德怀后，决定在晋东南召开一次八路军参谋工作会议，并于6月4日向中央军委参谋长滕代远作了报告。

中央军委和毛泽东对召开这次会议十分重视，毛泽东、王稼祥、滕代远6月12日专门致电左权："抗战快两周年，集中召开参谋会议是有伟大的意义。"指示会议要总结两年来军参谋工作方面的经验教训，确定参谋工作的总方向与目前急需进行的具体工作，提高参谋人员的素质与工作能力，望技术参谋达到战术战略的水平，健全指挥机关，不仅善于进行游击战争中的参谋工作，并能准备为转入现代化正规战争中的参谋工作。

6月底，左权主持召开晋东南八路军参谋工作会议，遵照中央军委的指示，总结抗战两年来经验和教训，讨论和审定了《军队司令部（A、D、B、R）暂行工作条例》。于1939年8月16日以"第十八集团军总司令部"名义印发八路军各部，后报中央修改补充定名为《八路军各级司令部（军、师、旅、团）暂行工作条例》。

《条例》规定：司令部是兵团首长实行指挥作战及管理训练军队的机关，担负着组织战斗、管理部队、训练部队三方面的职能；各司令部实行五科制：第一科负责作战，第二科负责侦察，第三科负责通信联络，第四科负责管理、警备，第五科负责教育训练。条例确定参谋长既"是司令部的首长，同时又是兵团军事指挥员的第一代理人"，主要工作是：司令部全盘工作的指导；指导作战科搜集并整理各种情况进行正确判断；对首长作报告及向首长发表作战提议，但只应提议一次；拟制较重要的报告和命令；拟订战斗和战役的计划；保障首长对部队不间断的指挥；审核各科关于行政管理教育计划；监督军队各种制度的建立；指导供给、卫生、运输各勤务部门的工作。条例强调:“现代战争是复杂的。军队的指挥是艺术的，没有健全的司令部组织，没有紧张的司令部工作，决不能使战争获得完满的胜利。因此一切忽视司令部的观点，都应摒弃。”《条例》要求参谋人员必须具有优秀的品质、现代的科学知识、先进的军事理论和高度的技术技能等。

为落实会议精神，左权还于 1939 年 8 月在八路军总部开办了参谋训练班，对参谋人员就华北抗战中的战略战术、埋伏战术、袭击与对付袭击、对付扫荡和追击等问题做了详细的讲解，大大提高了他们的素质和工作能力。

左权对八路军司令部的建设作出了重大贡献，他认真负责、细致周密的工作精神更加难能可贵。当时任八路军总部特务团团长的欧致富在回忆中说：“左权所做的战役准备工作，比一个作战参谋做得还具体详细。他亲自跑遍整个战区，把敌人重要交通线上的铁路、桥梁、隧道、车站，从位置到结构，从建筑物到工事外的障碍物，都调查得了如指掌。每到一个点，他都详细了解当地的群众条件；对于据点里敌兵的情况、军事素质、武器性能，他一一掌握，据点外围的我军部队军政素质提高什么程度，他也都一一调查清楚。”

当时任第一二九师参谋长的李达认为：“说左权是八路军司令部业务建设的奠基人之一，是毫不夸张的。”

左权十分重视作战经验的总结。他根据毛泽东《中国革命战争的战略问题》及中央有关指示，结合我军坚持华北敌后抗战的实践，先后总结、发表了《论坚持华北抗战》、《论敌人大举围攻晋察冀边区反对敌人大举围攻斗争中之经验教训》、《埋伏战术》、《坚持华北抗战两年中之八路军》等军事论文，从各个不同角度缜密地论述了游击战的地位和战术原则。他用大量事实论证日本侵占华北并非他的最终目的，占领华北，是作为进攻西北、中原以至达到灭亡全中国的一个重要步骤。因此，坚持华北抗战，争取不断大大小小的胜利，“推动全国抗战，缩短转入反攻时期”，使华北成为“全国抗战范围内之敌侧后的战略支点收复失地的前进阵地”。

左权还科学地分析了今后华北战局的变化发展，其形势是：敌围攻、“扫荡”和我反围攻、反“扫荡”的军事斗争更趋激烈，随着日军军事、政治的进攻，他们各种破坏活动会更加猖獗，包括加剧经济上的阴谋破坏，紊乱我们的财政政策。与此成鲜明对比的是八路军在粉碎日军各种残酷的进攻中，力量日渐壮大，更加得到民众的衷心拥护。这是有利的一面。另一方面，对各种可能出现的艰难困苦都要有充分准备。这样，“我之长期坚持华北抗战，争取华北抗战胜利，是完全可能”。

左权认为，晋察冀边区反围攻作战主要经验，就是采取游击战、运动战，进行机动作战。边区的地形条件及民众条件，对于边区军队的作战都是非常优越的。当敌人开始大规模由各方向边区中心进击时，边区的基干部队，曾机动地分别突击向边区进攻之敌。当敌深入边区后，虽占领了某些城镇与交通要道，但敌人之分进合击，一举歼灭我有生力量的企图，却完全没有成功。敌人的计划虽周密，手段虽毒辣，然在我边区部队灵巧的机动，全体民众反对敌人进攻的情况下，就是敌人深入边区，占领了某些城镇与要道，仍未能限制我之机动力。相反地，边区部队仍自如地继续地在各个地区打击深入之敌，并不断获得胜利。同时，在敌之后方联络上，在其纵深中，亦不断获得出现我有力兵团与游击队，马路被破坏，往返部队不断遭我袭击，而不敢运动；守据点之敌，被我不断袭扰围攻，亦不敢出来。平汉、正太、平绥、同蒲等铁路，又不断遭我破坏。结果敌我形势变动了，给围攻之敌以围攻，给分进合击之敌以合击夹击，使深入之敌不得不放弃其进攻。这就是优良的机动，是抗日战争中战略战术的特色。

左权在主持八路军总部工作期间，把握对日军斗争大局，根据敌人的新动态与新特点，对晋察冀边区军民反日军大围攻的斗争给予了及时指导；及时总结晋察冀反围攻的经验教训，丰富了游击战争思想；注意思想教育，增强各根据地党、政、军领导的战备意识，充分做好迎接对敌斗争任务的准备；任劳任怨，夜以继日地工作，表现出卓越的军事领导才能和崇高的精神境界。

在此期间，左权接受了爱国华侨、新加坡《星洲日报》记者黄薇的采访，他向这位女记者介绍了华北敌后抗战的意义、目前的战局以及八路军的军事、政治等各方面情况。他那必胜的信念、勤奋工作的精神状态和卓越的军事才干，使他成为八路军总部中最忙碌的人。他日理万机，还要关心机关的政治生活。他为了民族解放事业，夜以继日地工作。由于过度操劳，显得有些消瘦。他是黄埔军校第一期毕业生，被保送去苏联留学，是受过高等军事教育而又具有丰富作战经验的军事家。他指挥战斗机智而果敢，对同志和蔼、对部属关怀体贴，深受人民和同志们爱戴。这是对左权军旅生涯的客观评价，也是对他主持八路军总部工作的真实写照。

1939 年底，国民党密令其部队向八路军进攻，使八路军处于国民党、日军和伪军三面夹击之中。面对这一严重情况，朱德、彭德怀、左权等向部队发出整军训令，指出“以一切力量努力巩固与扩大加强我军抗战力量是目前全军最严重的任务”。要求部队再整训两期，每期四个月，整训五十个团。

1940年2月下旬，国民党九十七军军长朱怀冰带着一伙骑兵，到王家峪八路军总部寻衅，要从共产党和八路军手里“收复失地”。对其无理要求，朱德当场予以严厉驳斥。左权也极其气愤地指出：“抗战以来，八路军以国家民族为重，为了顾全大局，不惜委曲求全，一再忍让，总部曾不断电请制止反共摩擦，可是你们对于这些劝阻，置若罔闻，而且认贼作父，与日寇勾勾搭搭。你们一意孤行，是绝没有好下场的！”理屈词穷的朱怀冰，自恃有蒋介石的密令，由王家峪回到驻地后即将他的部队和晋察冀战区总司令鹿钟麟、副总司令石友三的部队一起，在日军紧密配合下，直向以八路军总部为中心的太行区猛扑。八路军总部为统一太南、豫北作战指挥，成立了以左权兼司令员、黄克诚任政治委员的八路军第二纵队，奋起自卫。总部还指定左权担任歼击朱怀冰部的前敌指挥。3月4日至11日，八路军冀鲁豫和冀南部队发起卫东战役，消灭了石友三顽军三千六百余人。接着，晋冀豫八路军发起了磁武涉林战役。左权指挥第二纵队各部在陵川、壶关一带牵制庞炳勋等四十军、孙殿英新编第五军和鹿钟麟部，并对策应顽军进行“扫荡”的日军第三十六师团一部给予坚决反击，使一二九师能够集中精力打击朱怀冰。经过四天激战，全歼朱怀冰两个师、侯如墉旅和张荫梧一个纵队共十个团，共计一万余人。3月18日，左权指挥第二纵队第三四四旅乘势向阎锡山晋绥军孙楚的独八旅出击，歼灭其第十三团，迫使其逃向晋西。这些反击战斗不仅打退了国民党的第一次反共高潮，扭转了日、伪、顽对八路军三面夹击的严重局面，而且巩固了太行山抗日根据地。

 百团大战

☆☆☆☆☆

（35 岁）

1940 年秋季，八路军总部在数千里长的华北战线上，发动了震惊中外的百团大战。左权是这场轰轰烈烈“大戏”的导演者之一。他倾注全部精力和智慧，协助彭德怀策划、指导这一重大战役。

在策划和战役之初，不叫“百团大战”，而是叫“正太铁路破袭战或以正太铁路为重点的交通破袭战”。

正太铁路，从河北石家庄到山西太原，全线长 249 公里，是华北地区的交通大动脉。1939 年 12 月，朱德、彭德怀、左权收到冀中军区政委程子华等发来的密电。密电报告了日军近日来在交通线上的异常举动。他们说，敌

最近修路的目的同过去不同。其修法：一是以深沟高垒连接碉堡。由任丘到大成、河间的公路修得比地面高 5 尺，两旁沟深 8 尺到 10 尺，沟底 16 尺，把根据地划成不能相互联系支援的孤立的小块，部队也不能转移，便于敌逐次分区搜剿。第二种修法是汽车路的联络向外连筑，安国县已完成三层，敌汽车在路上不断运动，阻挡我军出入其圈内。他们指出，如果敌此举得逞，将造成坚持游击战争极端困难的局面。

种种迹象表明，敌人企图以“铁路为柱，公路为网，据点为锁”，对华北敌后根据地实行“囚笼政策”，妄图把华北扩大地区分割成无数小块，便于它的“分区扫荡”，使我军在狭小地区无法大规模机动。日军这一动向引起八路军总部的高度警惕。

左权对日益严峻的华北形势作了分析，他指出，由于日寇的疯狂进攻，华北战场上“扫荡”与反“扫荡”、修路与破路的拉锯式的战斗更加激烈、频繁。敌我相互包围、犬牙交错的战争形势更趋复杂。日军向华北的“扫荡”，不仅用军事“讨伐”，而且配合着“以华制华”的政治阴谋和“以战养战”的经济侵略，这就严重地增加了战争的复杂性。

敌人新的动向，将会引起抗战态势的变动，按各个区域条件的不同，抗战形势的发展将各不相同。依地形条件来说，山岳地带成为敌我争夺的中心，平原可能成为敌人首先肃清的区域。目前敌人正加紧“扫荡”平原地区，扩张据点，加修道路，平原游击战的形势将更加严峻。

左权在上述分析的基础上，指出了当前对日军事斗争的重点，他说，总观日寇在华北的作战过程，特别是在以“治安”与“建设”为方针的作战阶段，交通线的争夺、交通线的修筑，已成其作战的重要内容。

为此，他提出：“我们必须在各个地域，猛烈地开展交通战，击破敌寇这一毒辣的囚笼政策。因为只有这样，才能扩大敌人弱点，争取我在战略战术上的一切优势，才能粉碎敌人由点扩张为面的占领企图，才能战胜敌寇军事、政治、经济、文化的进攻。因此，交通战成了目前华北战局中，敌我战略上重要的一部分。”

左权在经过较长时间的周密思考后，逐步形成以正太铁路破袭战为重点的百团大战的构思。朱德、彭德怀也在进行这方面的战役构思。有一次，彭德怀看了地图后，不无气愤地说道：“一定要组织一个大的战役，给日本侵略者以狠狠的打击，扭转这个空前困难的局面。否则，我们还算什么人民的抗日武装！”

站在旁边的朱总司令和左权听了彭老总的话后，赞同地点了点头。左权认为，日军的这种瓦构筑路行动在战略上和战术上均有重大图谋，丝毫不能忽视。

朱德说，应该通知各部队指挥员，要提醒大家从总体上来认识和对付敌人的这一阴谋。

经过缜密的研究与分析，一个重大军事行动的设想已经形成。朱德、彭德怀、左权商议决定，对日军的交通线进行一次全面的破击战。

1940 年 7 月中旬，在王家峪召开总部预备会。在此之前朱德已回延安，担任中央军委副主席、八路军总司令，以协助毛泽东分管军事工作，因此整个重担落在左权和彭德怀的肩上。左权按照彭德怀的意图，提出了作战方案。为了慎重起见，彭德怀让左权到一二九师，把总部的意图告诉刘伯承、邓小平，再听听他们的意见。

左权来到一二九师师部驻地，向刘、邓师首长传达了总部的初步设想。他说："这次破击战的主要目标，放在正太路上，而平汉、同蒲、白晋、平绥等各线都要配合行动。除第一二九师和晋察冀军区部队外，第一二〇师及河南、绥远、热河的八路军、决死队都将参加作战。"

邓小平、刘伯承也表示赞同。他们认为，这个战役非常重要。只有切断日军的交通动脉，华北敌后的局面才能改观，也只有狠狠地痛击日军，国民党顽固派投降活动才能有所收敛。

左权全身心地投入到这个重大战役的准备与组织中。为了这场战役，他用了将近一个月的时间，精心策划，周密部署。领导完成了地形、敌情的侦察、兵力的部署、道路的选择、爆破器材的准备以及对敌宣传品的印刷、军队和民众的动员、兵站的建立、粮食的储备等各项工作。一切准备就绪，正太铁路破袭战即将打响。

8月20日，总部作战室紧张起来。作战科专门为这次战役准备的“战斗日记本”已经打开，所有无线电台、译电和有线电话的成员，都按业务熟练程度和身体情况编组好轮流值班的顺序，以保障战斗指挥和联络的顺畅进行。左权和彭德怀已经进入作战室，准备导演这场大戏。

“你看今晚这出戏会怎样？”正在看地图的彭德怀忽然抬起头，眼睛望着坐在一旁的左权。

“从正太线上敌我兵力对比来说，我们占有绝对优势，况且是敌明我暗，再加上群众的参战，我觉得打好这一仗应该没有问题。”左权站起来回答道。

彭德怀轻轻地舒了一口气，说道：“说实话，这心里总是放不下，即便经过了充分的准备，即便敌人是在完全麻痹的状态下被动挨打，我也不放心。我们肩上的担子很重啊！”

20日20时整，参战各部队统一行动，正太路破袭战的枪炮声打响了。

在前线指挥所里，这一夜，彭德怀与左权彻

夜不眠，左权爱抽烟，而且习惯在作战紧张或是进行思考的时候，一支接一支，可以不熄灭地打“连发”，他太疲惫了，只有靠此物来提神。熟悉他习惯的人都知道，只要看看地上烟头有多少，就晓得他工作时间和所耗费的精力了。在此时刻，地上已丢满了烟蒂。

这时，值班参谋、机要员不断从屋里进进出出，电报如同雪片，电话铃声不绝。不久，值班参谋手里握着电报走了进来，他的脸上喜气洋洋。随他身后进来的作战科王科长，一踏进门，便向左权敬礼报告说：“一二九师主力进攻阳泉、寿阳成功，破坏了敌人的铁路、桥梁、水塔、隧道，爆炸声震动正太路附近200里地面。”

就在他报告的时候，指挥部也隐约听到了爆破声。左权接过电报，指着远方，对彭德怀说：“这是爆炸的声音，惊天动地的声音！”

话音刚落，作战参谋又匆匆闯进门来，送来一份电报，只见上面写着：“正太路东段，执行破击任务的聂荣臻所部，一举攻克晋冀门户的娘子关天险，歼守敌二百余名，据点段内铁路、桥梁、碉堡、电线悉被破坏。”

左权高兴地说：“打得好，漂亮！”

紧接着，刘伯承报捷：陈赓旅攻击寿阳西南之卢家庄，连克碉堡四座，全歼守敌，完全占领车站，并将车站以西10里内的铁道、桥梁全部破坏。

随后，贺龙来电报告：张宗逊旅全歼静乐之康家会守敌，毙敌二百余，俘日兵十余名，缴获甚多。类似的捷报，频频从华北广大地区各破袭铁路及公路的战场上发至八路军总部。

“你看这次正太战役能有多少部队参加?”彭德怀放下手中的电报问左权。

“这可难说，特别是冀中军区，现在已被日军切割成大小十几块，较大的几块还被日军挖成弯月形、马蹄形、梅花形，能否接到军区的命令也说不准，要同时出兵，恐怕难呀!”左权回答道。

他虽身为参谋长，的确心里没有底。因为在部署这次战役时，要求直接参加正太路破袭战的兵力不少于22个团，对其他交通线，只要各部队对日军进行总破袭，并没有对出动的兵力提出具体要求。这样，他们两位“大戏”的“导演”，也就不可能精确地知道这次战役参战的兵力了。

22日午饭过后，左权、彭德怀来到作战室，听取战况汇报。作战科长王政柱汇报这次战役的实际参战兵力：正太路30个团，平汉路卢沟桥至邯郸段15个团，同蒲路大同至洪洞段12个团，共计105团。

王政柱话音刚落，左权便脱口而出：“好!这是‘百团大战’，作战科再仔细把数字查对一下。”

“百团大战!”这个响亮的名词不经意地说出，立即得到彭德怀的肯定，他说：“不管是一百零几个团，干脆就把这次战役叫做‘百团大战’好了。”

在场的《新华日报》记者陈克寒听了彭德怀的提议后拍手叫好，他说："叫百团大战好，反映了这次作战的气魄，我的报道工作也好写了。"

于是，左权和彭德怀在拟定的一份发给各师主管和中央军委的电报中，将此战役正式定名为"百团大战"。

百团大战经历了三个阶段，正太铁路破袭战，则是百团大战的重头戏和关键之战。在这一阶段，仅一二九师就进行了181次大小战斗，毙、伤、俘日军官兵2559人，破铁路235公里，破公路551公里，敌人万分恐惧。

在第一阶段作战即将结束之际，左权写了《论百团大战的伟大胜利》一文，他在文章中指出，这次百团大战是华北空前未有的交通总攻击战，是华北战场上第一次主动的、大规模的战役进攻的大会战。

中共中央、中央军委对百团大战所取得的胜利给予了充分肯定。毛泽东在看到八路军总部发往延安的第一批战报后，致电彭德怀：百团大战真是令人兴奋，像这样的战斗是否还可以组织一两次？中共中央则明确指示，在华北的八路军应扩大百团大战的战役行动，到那些尚未打击的敌人方面去，用以缩小敌占区，扩大抗日根据地，打通封锁线。

此后，遵照中共中央、中央军委的指示，根据形势的发展，转入第二阶段和第三阶段的战役。10月30日，关家垴战斗打得非常激烈，这是第三阶段中的关键一仗。左权亲临前线指挥。在离关家垴二里地的一个山坳里，搭起了一个草棚，当做他的指挥所。他在这里一连住了几天，每天要在这间简陋的草棚里，处理华北各根据地来的电报和文件，指挥参谋人员部署整个华北战局。那时，前沿阵地临草棚很近，不仅能听到各方战斗的枪声，有时子弹就在草棚的上空呼啸飞过，敌机也不时盘旋飞越草棚上空，而且盲目地把炸弹仍在指挥所附近，震得草棚发抖。左权镇定沉着，就像没有听见看见似的，他叼着烟卷，守在画满红蓝箭头的地图前。

有一天中午，左权的警卫员郭树保从外边送信回来，看到头上飞机盘旋，他想进门劝首长躲一躲，刚踏进草棚，就听到敌人的飞机嗡嗡的叫声，接着一颗炸弹落在指挥所旁边，炸弹冲出的气浪，把草棚子掀掉了一个角。

“副参谋长！”郭树保一个箭步扑向左权，把他按倒在地上。郭树保站起来，一边卷地图，一边向左权建议道：“副参谋长，往后面退一退吧！”

左权不停地在小本本上写着，没有说话。

“副参谋长，我们还是往后退一退吧！”郭树保又着急地说。

左权还是没有回答，他只是脱下身上的衣服，把电话机包好，说道:“对，转移。可是，不是往后，而是应该往前！”说完，他一头钻进了茫茫的雨雾中。

郭树保无可奈何，只好将临时指挥所往前移动。在紧挨山崖的地方，新指挥所又搭好了。

关家垴战斗在彭德怀、左权指挥下，进展顺利。八路军集中第三八五旅、五八六旅、新十旅以及决死一纵队、总部特务团等部，将敌人全部围困在关家垴上，歼灭日寇片山旅团冈崎大队长以下四百余人。这次战斗使日军锐气大挫，日军的小股部队再也不敢轻易出动。

从8月20日20时打响的百团大战，历时三个半月，进行大小战斗一千八百多次，毙、伤、俘获日军、伪军四万多人，攻克敌伪据点二千九百多个，破坏铁路四百七十余公里、公路一千五百多公里及桥梁、车站、隧道、水塔等建筑物二百六十余处，使华北日军的交通一度陷于瘫痪，给侵华日军以沉重打击。

日军大本营惊呼：所谓“百团大战”，“完全出乎我军意料之外，损失甚大，需要长时期休养方能恢复”。

百团大战，是抗日战争中八路军在华北敌后进行的一次规模最大、持续时间最长的带战略性进攻的战役，显示了我军的威力，它有力地驳斥了国民党顽固派散步的反共谣言，提高了共产党和八路军的声望，鼓舞了全国军民抗战胜利的信心。

百团大战取得了重大胜利，但也暴露了八路军在战术上发起战斗的突然性、火力配合、冲锋等方面的缺点，以及部队战斗性不够顽强、技术落后、后勤保障差、组织领导民众开展游击战争不够等问题。左权对此十分重视，经与彭德怀商量后，决定利用百团大战即将结束之时,在全军进行一次军事教育。于1940年11月28日，以朱德、彭德怀、左权名义发出关于目前时局危急应加强军事教育的指示,要求从12月起至明年3月，在全军进行为期四个月的军事教育，以提高全军指战员的战术与技术水平。为加强教育的针对性和实用性，彭德怀和左权还于12月24日向各兵团首长发出了关于冬季干部军事教育的指示，指出这次教育的基本方针是提高干部的指挥与管理能力，并

△ 百团大战

要求各级必须利用一切时间、战斗间隙，建立干部军事教育制度，提高干部军事能力。

左权在百忙中还带头学习，并将自己的心得体会和想法写成文章，发表在八路军内部刊物《前线》上，和其他人共同探讨。聂荣臻在《悼左权将军》一文中就说过："左权同志酷爱学习，常善于百忙中挤出时间，钻研革命理论，翻译苏联红军战斗条令和其他军事科学论文，教育部队。正由于他孜孜不倦，联系实际地努力学习，因而能深刻体会毛泽东的军事学说，在军事建设和对敌作战中获得优异的成绩。"

为配合军事教育，左权以百团大战为契机，先后撰写了《论战争指导、军队组织和战术问题》、《论我军的后勤建设》、《论晋察冀边区反扫荡战的伟大胜利》、《战术问题》、《各种情况下的后勤工作》、《敌寇在华北之现行军事策略》等论著，系统地总结、研究八路军的作战、建设方面所存在的问题。

左权认为，在百团大战中八路军存在的主要问题有三方面：一是关于作战的指导问题，二是战术问题，三是后勤问题。

一、关于作战的指导问题。左权认为，现阶段华北抗战的基本任务是巩固华北抗日根据地。要完成这一任务，应以军事斗争为主，配合其他各种形式的斗争。为此，首先必须了解敌人，研究敌人的军事政策，从中产生自己的政策。敌人的政策是什么？1941年3月31日左权在中共中央北方局党校作的《敌寇在华北之现行军事政策》报告中指出：一是军事为主，辅以其他斗争形式；二是以中共和八路军作战为对象；三是长期作战；四是在战略上一贯采取攻势。他还具体分析了敌人的据点政策、交通政策、伪军政策、“扫荡”作战、交通守备与据点守备、特务工作等军事政策的产生、发展和特点。左权在研究敌人政策的同时，还深入研究了敌人的战术：突然袭击，这是敌人对八路军的基本手段；迂回包围与中央突破并用，且惯用迂回包围；打埋伏；夜间袭击或夜间行动，拂晓急袭；对八路军坚守的阵地、村落实施强攻；畅通的通讯联络和周密的侦察警戒等。其次是要认真解决八路军自身存在问题和不足之处，并对此作了详细的剖析，提出了解决的办法。

二、关于战术问题。左权总结百团大战的经验与以往的积累，于1941年2月15日在《前线》发表了七千余字的《战术问题》一文。文中认为，八路军战术上的问题：一是缺乏消灭敌人的信心和决心，战斗的顽强性、积极性不够；二是有些部队对于我们的战术基本精神把握得很差，对一些战斗没有任何准备，甚至对一些情况都不了解，随便乱撞，造成部队不应有的损失；三是技术知识和掌握技术能力薄弱，不善于发挥各兵种的作用与组织各兵种进行协同作战；四是缺乏组织与指导民众参战的艺术，以致使野战部队本身形成单独态势；五是战术上的游击习气严重，不顾全局，缺乏配合；六是警觉性不高，轻敌观念严重，不注意侦察敌情，不注意保卫自己的部队。

左权认为，“我们战术的理论建设，必须依据我们所处的环境，敌我的具体条件，我军历史传统，我军的军事任务的性质与本质规定出来，而不能是资产阶级的、形而上学的东西”；八路军的本质、任务等诸多因素决定了坚持华北敌后抗战的战略方针，其战术的基本成分就是游击战。但它又不是纯粹的游击战术，而是一种由游击战术脱胎和发展而成的特殊的新型的战术，是一种最灵活、最积极、最巧妙、最富机动内容、最能适合敌后开展大规模游击战与运动战的战术。这种战术的基本精神就是对敌进行“速决的进攻”。其基本战斗方式是突然袭击；对运动中的敌人主要采取伏击;对驻扎的敌人主要采取袭击。“速决的进攻”是八路军“战斗艺术的所在”。

左权进一步分析了“速决的进攻”的战术内容：适合主动性、突然性、顽强性。所谓主动，就是任我自由选择时间、地点与敌进行作战，而不让敌人向我积极活动。突然性是指部队的行动要有计划、有准备及行动中的迅速和秘密。突然性越大，胜利越有保障。顽强性是指指战员英勇杀敌，毫不犹豫，坚决与敌人搏斗。他还对如何实现“速决的进攻”的条件和注意事项作了详尽的说明。

左权不愧为军事家，他在战略战术方面的成就，是融会1925–1927 年大革命时代、内战时代及苏联红军最进步的战术，为中国著名的游击战术创始人之一。

三、关于后勤问题。左权历来关心后勤工作，对百团大战中出现的后勤问题十分重视。1940 年 12 月 26 日，八路军总部和第一二九师首次召开了后勤工作会议；1941 年 3 月 19 日，八路军又召开了后勤工作会议。他先后分别作了题为《论我军的后勤建设》和《各种情况下之后勤工作》的长篇报告，详尽分析了后勤工作的重要性，八路军后勤工作建设的特点、后勤工作的具体任务、后勤部门与其他部门工作建筑的特点、后勤工作的具体任务、后勤部门与其他部门的关系及各种情况下的八路军各后勤部门的任务、工作及完成方法等问题。他明确指出，后勤部门是军队的组成部分，“军队组织越复杂，技术越发达，后勤工作也越重要”。说八路军敌后作战是所谓“无后方的作战”，这是指没有全国性政权的大后方。恰恰相反，八路军五大后方的作战，就更加重了后勤建设的重要性及困难与复杂性。他进而强调指出：“没有健全的后方工作，就没有正规军，没有健全的后方工作就没有前方的胜利。”

左权不管军务多么繁忙，总是挤时间读书。他阅读的范围很广，除党中央、毛泽东等文电指示和

著作外，还有俄文版《列宁全集》、《苏联红军丛书》、德国的《论新战术》、克劳塞维茨的《战争论》、伏龙芝军事著作等。对曾国藩、左宗棠的文集，他亦经常阅读、研究。由于他知识渊博，在观察与分析形势时，能高屋建瓴；给干部讲课、作报告，能旁征博引，谈笑风生，引人入胜。他曾经与刘伯承合译了《苏联工农红军的步兵战斗条令》，1941年《前线》杂志曾连续刊登其第一部。1942年第十八集团军总司令部发布命令，将此译著作为步兵战术教育的基本教材，指出“今后本军关于现代步兵战术的研究，均应以此为蓝本”。

左权在华北敌后五年，用极高的政治热情，惊人的革命毅力，著译二十余万字，为八路军军事理论建设作出了重要贡献。他是我党当之无愧的一个有理论修养，同时又有实践经验的军事家。

迟到的姻缘

☆☆☆☆☆

（34-35 岁）

爱情、婚姻，是革命者生活的一部分，这对左权来说，也是如此。他在留学苏联时期，曾经与一位留苏女同学相爱。只因所谓“浙江同乡会”一案被牵连，那位女友为了自保，离他而去。回国后的十多年里，因为过于繁忙，无暇顾及，这是主要原因；另外他心中也有个“如意”的考虑，或者说有种缘分的期待。因此，到了三十多岁，左权还是个单身汉。

不过有缘千里来相会。朱德总司令对部属关心备至，体贴入微，左权的婚事成了他心中惦记的事情。机会终于来到了，1939 年 2 月，刘锡伍、荣高棠等率领中央巡视团到太行山巡视，刘志兰是其中的一个成员。她清秀的脸庞，白皙的皮肤，乌黑的头发，明眸皓齿，穿一身灰军装，腰间的宽皮带紧束，显出苗条匀称的身段，引人注目。

△ 左权夫人刘志兰

刘志兰生于1917年，比左权小12岁，是北京人，与彭德怀的夫人浦安修是北师大女附中的同学和好友。是1936年一二·九运动的积极分子，1937年2月加入中国共产党。抗战爆发后，她响应党的号召，奔赴革命圣地延安。先在延安学习，后任陕北公学分校教导员。她酷爱读书，思路敏捷，写文章通顺流畅，富于激情，为许多男性所爱慕。她虽然接触的人不少，但对感情之事却很慎重。

这次随团巡视时，刘志兰在晋东南妇女代表大会上代表中央妇委讲话，不仅思维敏捷，条理清晰，而且语调婉转悦耳，神态落落大方。朱德的夫人康克清时任八路军总司令部直属政治部主任，正坐在台下。看到这个发言的姑娘，眼睛一亮。因为，朱总司令多次和夫人康克清商量，要给左权介绍个合适的对象。于是，她立即找彭德怀的夫人浦安修商量。她俩一拍即合，都认为刘志兰有才有貌，能力超群，是个合适的人选。为了给他们创造接触的机会，她们建议把刘志兰留在晋东南工作。

康克清把这件事告诉了朱德，朱总司令认为左权和刘志兰很般配。朱老总找左权探口风，左权笑而不语——他也在想刘志兰呢！因为，中央巡视团来晋东南时，左权曾与刘志兰见过面，从见到那一刻起，好像爱情之火被点燃，脸上火辣辣的。

朱老总自告奋勇地当起“月老”，为他们搭鹊桥。他亲自出马找刘志兰交谈。问明刘志兰还没有男朋友后，就径直向她介绍左权的情况，并说，左权对你非常倾心。

其实，刘志兰对左权已有爱慕之情。她听过左权作的军事报告，给她留下了深刻印象；平时也听周围的人时常怀着敬佩之情，谈及这位威震华北的八路军副总参谋长。但是如果要同他确立恋爱关系，她还缺乏思想准备，因此，对朱老总说，让我考虑一下再说吧。

朱老总马上说道：“这事用不着多考虑啦！我看你二人彼此都不会有意见。”朱老总笑着补充说，“打仗，我是总司令，你听我的，找对象，你是司令，我听你的。不要以为是总司令当介绍人，就委曲求‘权’了。”

朱德的话，把刘志兰逗乐了。朱老总把这桩姻缘促成了。1939年4月16日，是左权、刘志兰喜结良缘的日子。白天，左权照样地忙碌着。到了晚上，在山西潞城县北村，八路军总部一下子变得热闹起来。同志们在操办他俩的婚礼。洞房是左权的办公室兼卧

△ 左权全家福

室，正墙上悬挂着毛主席画像，两边贴上“今日花烛夜，感谢毛主席”的大红对联。一对新人穿上崭新的粗布军装，胸前戴着纸做的大红花。除彭德怀在冀南外，朱德、杨尚昆、傅钟、陆定一、杨立三等总部和北方局领导及其夫人，还有总部机关工作人员、警卫员都前来祝贺。

朱德等致辞后，喜宴开始了，炊事员端上土豆、白菜、萝卜丝和热馒头，还有当地群众酿制的老白酒。朴素的宴会，为婚礼增添了欢笑与快乐。

左权与刘志兰是革命伴侣，甜蜜的新婚，并没有让他们放慢工作节奏。左权依旧像往常一样地忙碌，有时连饭也顾不上吃。刘志兰在婚后的第四天，就和浦安修一起到沁县参加边区妇女组织工作，只能在周末同左权团聚一次。

左权极为珍惜自己的婚姻和家庭，他内心世界很丰富，是一个情感细腻的汉子，对妻子呵护有加。不久，刘志兰怀孕，早期反应很厉害。当时她住在北方局妇委，左权每天傍晚都抽空骑马从总部驻地去看她，一直持续两个多月。总部和北方局机关的男同志都知道参谋长“爱老婆”，女同志都羡慕刘志兰有个体贴的丈夫。婚后一年，刘志兰就为年已35岁的左权生下了宝贝女儿左太北。左权将妻女接回总部，深夜里起来，亲自为女儿换尿布，做得比刘志兰还细致。

1940年8月，因筹划百团大战太忙，左权同意刘志兰带女儿回延安。但对妻女的远离，他的心里是很舍不得的。临行前，为了减轻刘志兰路途中的负担，并让女儿睡得舒服一些，他特意请当地木匠作了一个小木箱。他还请来摄影师，将幼女抱在胸前，与爱妻一起照了一张全家福。在面向镜头的一刹那，脸上露出幸福的笑容。

刘志兰自幼丧父，家里又是女孩多，所以，左权就成为她心目中的兄长、老师、丈夫三位一体的人，情感上也非常依恋他。她带孩子到延安后，先被安排在保育院工作了一段时间，这是她最苦恼的时期：离开延安时是自由的独身女干部、陕北公学分校教导员，回来时却因被几个月大的小太北捆住了手脚，成了一个“保育员”。她给丈夫的信很多，其中不免有牢骚和埋怨。左权在百忙中给妻子回信，表明自己理解妻子的处境，不厌她的牢骚，每封信里都有“志兰，亲爱的！紧握你的手！”等深情的话语。左权还详细描述了前方残酷的战斗生活，说每逢敌人扫荡，女同志和小孩子是极受罪的，并劝刘志兰安心，他写道：“尽管我可能会越走越远，只要我俩的心紧紧靠在一起，一切就当没问题了！”

在左权和刘志兰分别的21个月中，凡有人去延安，他都要托人带给妻子一个包裹，内有信有物有钱。其中信11封，刘志兰保存了几十年。钱是左权译著的稿费。物则有发给总部首长的一些营养品、药品，都是从日军处缴获的，还有左权买给女儿太北的花布、毛线、托人做的小衣服等。好多女同志都对刘志兰说：“左参谋长对你真是有情又有心啊！”

左权作为爱人、兄长、战友，给予了刘志兰最纯洁、崇高、珍贵的爱，这是平凡而又伟大的爱。刘志兰讲述他们短暂的夫妻历程，在与左权进行心灵对话时，说道：“你所留给我的最深切的是你对革命的无限忠诚，崇高的牺牲精神，和你全部的不可泯没的深爱。”

军工事业奠基人

☆☆☆☆☆

（34-36岁）

为了解决八路军的后勤军需保障，左权早就在筹划经营太行山制造兵器的设施。他和军工部部长刘鼎等顶风冒雪，披荆斩棘，进行详细的调查勘测，确定在太行山黄崖洞建立兵工厂，并对在哪里建厂房、设仓库和修筑明暗火力点，哪里要断溪堑壕设交通连接的环形防御等，都反复从军事角度加以细心比较，还将所有构筑的大小工事编成号码，绘成平面。在建厂过程中，左权带头参加劳动，同工人们滚在一起。由于总部高度重视和广大军民艰苦奋斗，一年后，初具规模的黄崖洞兵工厂拔地而起，成为华北抗日前线八路军武器主要来源之一。左权和朱德、彭德怀还把八路军其他的修械所和地方军火生产部门相对集中，加强设备和技术力量，使其形成规模生产的兵工厂。到 1939 年底，建成了四个步枪制造所和一个铁厂。1940 年又增设了复装子弹厂、烘炉厂。在整个抗战期间，共修复步枪数万支，造枪近万支，生产掷弹筒 2500 具，新造和装复子弹 223 万发，迫击炮改平射炮数十门。同时，还培养了一支政治觉悟高、技术水平较好的技术队伍和管理人员，为抗战胜利和新中国国防工业的发展奠定了基础。

随着我兵工厂的建立、发展，黄崖洞成了日军重点进攻的目标。为了再挫顽敌，左权亲自决定，将总部特务团的百分之九十的兵力驻守水腰，对工厂加倍保护。

1941 年 11 月，日军第三十六师团及独立混成第四旅团共 7000 人，从黎城向黄崖洞疯狂奔袭而来。总部命令黄崖洞的特务团严加戒备。左权在电话中询问欧致富团长："欧致富同志，冤家对头又碰上了，第三十六师团找上门来啦，你们可要当心！"欧致富响亮地回答："请首长放心，如果这个冤家还没尝够滋味，就让他再来尝尝吧！"左权幽默地说第三十六师团是冤家，是因为该师团在百团大战中吃过特务团不少苦头。左权还问：

"这一仗能打几天？"

"至少五天。"欧致富坚定地回答。

"那我们就以五天为期，只许多，不许少！"当他以命令的口气说完"不许少"以后，又谆谆教导欧致富，这次打仗，要掌握一个"稳"字，要"不骄不躁，不惶不恐，以守为攻，以静为动，杀敌致果"。

11日凌晨，日军主力占领赤峪，企图首先突破南口，三次偷袭未遂，便施放大量毒气。这时，特务团的指战员始终按左权电告坚守阵地，沉着地组织反击，并及时抢救所有中毒人员，日军几次碰壁后，改变了策略，企图利用我赤峪山东侧的悬崖，打我防守薄弱环节。日军阴谋如果得逞，便可居高临下，对我军极为不利。左权指示："待机行动，以变应变。"据此，特务团重新布置了防御力量。

黄崖洞保卫战的最后一次战斗在三十亩、曹庄一线，八路军在这里设伏。19日，日军沿此退却。那天，风雪交加，漫天皆白，伏兵与山石共一色，日军未能发现，11时许全部陷入伏击圈内。在八路军枪林弹雨夹击下，日军顿时混乱，狼狈不堪地朝黎城方向溃逃。八路军乘胜追击，21日收复黎城。此役歼灭日军主力近一千人，敌我伤亡六比一，是抗日战争开始后敌我伤亡对比未有的纪录。八路军总部授予特务团以"黄崖洞保卫战英雄团"的光荣称号。中央军委评价这次战斗是最成功的一次，不仅我军受到损失少，同时给了敌人数倍杀伤，应作为1941年以来反"扫荡"的模范战斗。

鱼水情深

☆☆☆☆☆

（36–37岁）

“军爱民，民拥军，军民团结一家亲。”这朴实无华的歌声，揭示了中国共产党领导的革命军队与人民群众生死与共、血肉相连的关系，也唱出了左权的心声。他常常对指战员们说：“人民是水，我们是鱼，水多了，鱼也活跃了。”他关心人民群众的疾苦，真心实意地帮助人民群众解决实际困难。

1941年夏季的一天，左权到黄崖洞附近的左会村时，听战士反映，因天旱，该村里的井水干了，小溪没水了，村里老百姓两三天没有水吃了，人们只能到离村二十多里的东庄口去挑水。

左权进到村口，看见一位老大爷坐在槐树下乘凉，大爷姓申，是村里的放羊倌。左权走过去，一边打招呼，一边在他身边的一块石头上坐下。申大爷很健谈，从国民党消极抗战，谈到日本鬼子打“扫荡”，又谈到目前的水贵如油，老大爷叹了口气说：“唉，难啦！前几年还从外地请来一位风水先生，他在村周围的山头上转了一圈，就连连摇头说，‘不行！不行！此地山穷水尽，概无泉水可找！’”

左权问道：“老人家，慢慢想一想，看还有些什么说法？”

申大爷望了望黄烟山群峰，想了片刻，润了润嗓门，开始讲述一个美丽的传说：

很久很久以前，二郎神驱赶太阳从这里路过，在黄烟山上住了一宿。那天晚上，他取出一葫芦神水，喝了一半，留下一半，然后把宝葫芦放在山上，就睡着了。第二天五更，二郎神一觉醒来，就对着山下的千家万户大喊了两声“接水！”“接水！”可是因为当时山下的老百姓还在睡梦之中，并无一人出来响应。这下给二郎神惹恼了，他大发脾气，飞起一脚将宝葫芦踢翻。宝葫芦的神水“哗哗”地流出来，渗入岩石缝里。仅仅溅到山下一滴，就化作一股迂回的山泉，整整流了七天七夜。这样一来，小小的村庄就热闹起来了，村民们连忙筹款备料，在这里盖了一座二郎神庙。可是，还没来得及给二郎神许愿，泉水在第八天就干涸了，只见龙王庙的墙上留下两行诗：“欲得对涧长流水，除非圣人过山峦。”几千年，不管人们怎样到龙王庙前烧香、磕头、祈祷都无济于事。于是，一首悲歌便伴随着神话流传下来：

圣人泉啊圣人泉，

埋没山底几千年。

村姑流尽辛酸泪，

八十老翁眼望穿。

有朝一日圣人来，

泉水滚滚田园浇。

……

左权沉思了一会儿，对申大爷说：“老人家，您讲的这些，尽管都是神话传说，但它却反映了老乡们多年来的愿望，这山上有石有土，有草有树，还怕没有水！俗话说，‘众人是圣人’，只要咱军民齐心合力，就不怕找不出水来！”

他回到总部，与几位首长商量，决定组织总部特务团指战员，亲自出马，到黄烟山找水。

听说八路军要帮村里找水，申大爷自告奋勇地当起了向导。

一连几天，在申大爷引领下，左权和特务团的指战员们，从早到晚，翻山越岭找水，走遍了黄烟山每一道沟沟坎坎。热了，脱下草帽扇扇风；饿了，啃几口窝窝头。一天一天地过去了，左权的嘴唇干裂了，痔疮犯了疼得厉害。警卫员让他歇一歇，他却微笑着说：“不要紧，等找出水来，咱们再好好休息休息！”

又过了几天，他们在一处断崖下，发现这里的树木格外茂盛，花草特别嫩绿，拨开古藤一看，见地表湿润，泉水滴滴答答。

左权对申大爷问道：“您看怎么样？”

“这里的滴水终年不断。”申大爷说，“过去我们来这里打柴，有时就放个水壶在这里接水。”

“根据树木、花草、底层、土色几个方面判断，这里有泉水。”一个懂点水文知识的参谋接着说。

“这么说，可以在这里挖挖看？”左权问。

“能行！”申大爷想了想又说，“不过泉水可能埋得很深。”

“只要有水，就是把山挖透咱也干！”左权斩钉截铁地说。

于是，左权带领几十个战士，在这里用铁锹挖着，除去浮土，然后，轮流用铁镐凿开石头，顶着烈日连续战斗数日，忽然，“哗”的一声，埋没在山底几千年的泉水，在脚下冒了出来。

“出水了！”

战士们呼喊着、蹦跳着蜂拥而来，捧起又清又甜的泉水，大口大口地喝着。村里的老乡们闻讯而来。申大爷看着哗哗的泉水，跷起大拇指激动地说：“‘左圣人’到底比二郎神灵啊！”

泉水挖出来后，左权又带领特务团指战员，叮叮当当地开山凿石，在黄烟山上修筑了一条水渠，弯弯曲曲地把泉水引到左会村。

从此，左会村的老乡们不仅有饮用水，而且还有水浇灌田园。这里的老乡们都亲切称左权是“左圣人”，把左权带领指战员们挖出来的泉水称作“圣人泉”。

1942年2月初，日军向太行山根据地发动了空前残酷的春季“扫荡”。这次“扫荡”持续到3月中旬。这时，正是春耕春种时节。经过日军的肆意破坏，根据地人民的耕牛、农具、种子和食粮均遭到严重损失，一些群众的生产受到影响。又适逢太行山区出现严重旱情，土地龟裂，难以耕耘，无法下种，少数出土的禾苗也因缺水而枯死。

左权看到严重灾情，心急如焚，他怀着对人民群众深切的关爱，积极组织助民生产。

为了保证农业用水，左权一边带人帮助群众打井，一边与彭德怀筹划清漳河水利建设。3月23日，八路军总部在辽县麻田镇召开清漳河中段筑堤开工典礼大会。左权和彭德怀在大会上讲话，号召全军指战员及机关工作人员应时时刻刻关心人民的疾苦，解除他们的困难，并指出参加生产是军队目前的政治任务，应以一切努力，保证工程任务的完成。

会后，左权和彭德怀同广大军民一起参加劳动，修筑的堤坝长达1800米，滩长1200米，可增加肥田400亩。

为了帮助群众解决生产中的实际困难，八路军总部决定，从后勤部抽出骡马50匹，在辽县的桐峪镇和麻田镇分别建立两座火炉，专门制造和修理农具，帮助群众春耕下种。与此同时，左权还带领司令部机关干部和特务团指战员为群众担水、点种、保苗。

在八路军总部的号召、组织和感召下，各抗日根据地军民一手拿枪，一手拿锄，大力开展生产运动。截至1942年，仅就晋冀豫边区军民而言，共开荒四十多万亩，开渠、打井、修整河滩、增开水田约六万亩。这项艰苦的工程，大大增加了边区的粮食产量，帮助军民渡过了难关。

军纪严明，不仅是军队战斗力的组成部分，也是密切军民关系的重要保证。左权指挥指战员们唱《三大纪律八项注意》，他说："这支歌我们要天天唱，教育大家自觉地遵守，爱护老乡的一草一木，不损害人民群众的利益。"

左权有一个习惯，每到一地，喜欢到老乡家串串门，与乡亲们拉家常，如果有时间的话，就下到地里，看看老乡们庄稼长得好不好，与老乡一起研究种庄稼的道理。老乡们也非常喜欢与他拉家常，有什么困难愿意同他说，部队有什么问题敢向他反映。

1940年秋末，八路军总部转移到辽县麻田镇附近的武军寺。村里一位老乡见到左权，便拉着他的胳膊，往左权住房的后面走。左权不知道出了什么事，便随老乡来到房背后，离墙根两三尺远，有一条青石干水沟，沟底湿淋淋的一片。他看后，心里明白怎么回事了，准是有人在这里撒尿了。

原来，警卫连有一个战士，要小便，几个茅坑都有人占着，于是，往水渠里撒了一泡尿，被这个老乡发现了。他指着水沟里的尿印迹，又指指房子前边的河沿，对左权说：“首长，你看，这里还能撒尿？全村都在这里担水，难道你们不吃？”

左权微笑着道歉说：“老乡，你批评得对，我们今后一定改正。”

刚才撒尿的那个战士看到老乡批评副参谋长，心里十分难过，因为自己，连累首长挨了老乡的批评，太不应该了。所以，左权一进来，他就要去找这位老乡说明情况并作检讨。左权对他说：“不必了，老乡批评得很对，自己要想办法克服，决不能破坏群众纪律，影响环境卫生！你们犯了错误，我也有责任啊！”

当晚，左权召集总部各科工作人员和群众代表开会，号召大家动员起来，讲究卫生，利用作战间隙迅速砌茅厕。

第二天天刚亮，人们就行动起来了。总部各科人员及警卫战士，有的挖茅坑，有的抬石灰，有的凿石头。左权也在这人群中忙碌着。这里净是青石蛋，他挥动锄头“叮冬叮冬”地刨着，刨一下，一个火星，手上也打起了泡。

没有几天工夫，全村新打的六十来个茅坑都砌好了，还全部加修了茅墙，改造成男女分用。接着，左权还组织总部人员和警卫战士，对全村的污水、垃圾进行了清理，并帮助老乡制定了管理牛圈、羊圈和茅坑的具体措施。从此，村里到处干干净净。

八路军心系人民群众，真心实意地为他们排忧解难谋利益。

太行山的人民群众把八路军看做是自己的人，甚至比亲人还要亲；他们省吃俭用，勒紧裤带，把粮食拿出来支持子弟兵；把自己的儿子、丈夫送到队伍里扛枪打日本鬼子；冒着风险，甚至牺牲自己宝贵生命，保守有关八路军的秘密，掩护八路军伤病员。人民群众是八路军抗日的靠山，是敌后抗日根据地得以生存与发展的基础。“人民是水，我们是鱼，水多了，鱼也活跃了。”这句话蕴涵了深刻的哲理。

英勇殉国

☆☆☆☆☆

（37 岁）

1942 年 5 月，经过周密准备，华北方面军司令冈村宁次坐镇保定、第一军司令官岩松义雄准备由太原坐镇潞安，指挥独立混成第三、第四旅团和协同作战的一一〇师团的独立混成第一、第八旅团从东、北面，第三十六师团从西、南面对八路军构成合击圈。5月19日，八路军主力部队大都已转出外线，只有中共中央北方局和八路军总司令部、野战政治部、供给部、卫生部、军械部、军工部以及新华日报社和北方局党校还在敌人的合击圈内。

这时，整个后方机关的兵力很少，除了司令部唐万成的警卫连和野战政治部的保卫连、后勤部的警卫队、北方局的警卫排、一个警卫首长的警卫班，其余都是非武装人员。然而，日军却有三万人马，披坚执锐而来，大有太行山压顶之势。彭德怀、左权、野战排政治部主任罗瑞卿、供给部长杨立三、北方局党校副校长杨秀峰等各部首长连日开会，研究对策，决定在敌后分路合击时，乘隙钻出合击圈，然后在日军扑空撤退时，伺机集中兵力歼其一路至几路。左权将总部决定和转移路线与一二九师师部进行了周密的协调。

5月23日，总部各部门奉命出发了。

24日黎明，唐万成的警卫连两百多名战士扼守着虎头山、前阳坡、军寨的险要山头，他们像三只铁拳，守卫着总部转移的道路。日军从桐峪、上清泉、下清泉分两路沿着清漳河向麻田镇扑来。唐万成警卫连的战士们两百多人抵御着两千多敌兵的进攻。

5月25日上午10时，八路军总部和北方局、党校、新华社的大队人马，集结在南艾铺、高家坡一线的山沟里，四面都响起了激烈的枪声，日军采取“张网捕鱼”、“纵横合击”的战术构成包围圈，并统一控制包围部队的前进速度，以防止八路军乘隙突围。各部分散部署的敌军指挥官的第二十九独立飞行队的红头飞机，侦察、搜查、投弹、扫射，围着总部转移的高山深沟轮番俯冲。日军已对窑门口、南艾铺、十字岭、挖拉铺东峪一线摆下了“铁环合围”阵。

五六架红头飞机在总部机关部队隐藏的山沟里投弹、扫射，供给部门的上千匹骡马惊跳起来，有的负伤倒下了，有的吼叫，有的挣断缰绳在沟坡上乱窜，没有战斗经验的饲养员也不顾暴露目标，漫山遍野追赶骡马。熙攘无序的队伍被骡马辎重堵在山沟里，彭德怀生气地冲到左权身边说：“怎么搞的！”

左权默不做声地跳上黑骡，把混乱了的队伍迅速集合起来，加快了行军的速度。

其实，左权在5月19日就指示后勤部门将能坚壁的物资坚壁，规定了他们转移的路线。但后勤部门对军情的严重情况估计不足，以为才经过2月反“扫荡”，按照以往的经验，即使敌人再次“扫荡”也不会来得这么快，心存太平观念。左权要他们提前转移的被服厂、鞋袜厂、制革厂、肥皂厂、纺织厂等也没有按时转移，加之携带物资过多，没有战斗经验的工人行动又不敏捷，上千匹骡马挤在大路上，一夜才走二十多里，影响了整个行动计划，所以才出现今天有几千人挤在一起的被动状况，敌人也发现了合围目标。

左权从敌机反复投弹、扫射中判断，敌人合围的决心已不同寻常。这时，在千米之外响起了激烈的枪声，左权从枪炮声中判断：日军正在作向心攻击，这是他们具有极大的兵力优势的征兆。炮弹在周围爆炸，烟柱、黄尘冲天而起。

在离高家坡不远的一块洼地里，彭德怀、左权、罗瑞卿、杨立三、王政柱和北方局的领导在开会。在左权的提议下，很快就确定了分路突围的行动方针：左权率司令部和北方局机关人员为一纵队，沿着清漳河以东，由南向北突围；罗瑞卿率野战政治部直属队和党校、新华日报社为二纵队，由警卫连掩护，向东面方向突进；后勤部门为第三纵队，由杨立三率领向东北角突围。左权布置了三路突围的任务后，他将一科、二科有指挥作战经验的参谋人员，让他们带了电台，分别派往各纵队，组织庞大的非武装人员冲锋。

日军发现了八路军分路突围的意图，快速地收缩包围圈，大队炮、四一式山炮、九四式山炮、重掷弹筒从各个不同的方位，密集炮击突围的队伍。日军小型飞机也追着人群投弹、扫射，刚整理好的队伍又混乱了。左权以洪亮的声音高喊："同志们，不要怕飞机，不要光看到天上的敌人，更要注意地面的敌人，快冲啊！"

左权回过头来，见彭德怀还没走，立即奔过来，让作战科长王政柱和另外两个作战参谋，跟彭德怀一块转移，并招呼唐万成带着一个警卫排掩护。左权对彭德怀说："副总司令，你的转移路线由王科长负责，立即就走。"

彭总见漫山遍野的突围人员尚未突击出去，后勤的骡马被射杀不少，物资扔得到处都是，被服厂的新工人、机要部门的女同志，被炮弹震得四处奔跑。他体谅左权指挥突围的困难。

左权见彭德怀依然不动，严肃地说："你的转移，事关重大，只要你安全突出重围，总部才能得救。"

"个人突围，时间还早。"彭德怀准备去指挥部队突围。

左权急切地说："你的安全牵及到八路军的荣誉，日军摆的是铁环合围阵，再晚一点突围可就困难了！"

这时，十字岭周围成了烟山火海，日军野兽般的吼声和掩护部队的喊杀声、枪声、炮声、手榴弹、炸弹的爆炸声，交织成震耳欲聋的响声，硝烟几乎把白昼变成了黑夜。左权严肃地命令道："唐万成，你应该知道怎样去保护彭总了，快把他扶上马！"

唐万成不管彭德怀愿意不愿意，丢一个眼色，警卫战士们一拥而上，将彭德怀扶上马背。

彭德怀竟有点不知所措地望着左权："你！"

左权一挥手说："赶快向西北方向突围，那边有特务团接应！"

彭德怀骑在一匹高大的东洋马上，望着还在

突围的总部机关的同志们，不愿离开大家，牲口也好像理解主人的心理，一动不动地站在那里。

这个目标太危险，炮弹、子弹在周围震响。左权以斩钉截铁的声音命令唐万成："连人带马，给我推！"

唐万成一挥手，战士们把彭德怀的坐骑抬的抬，推的推。彭德怀被感动了，说："你们不要推了！"他挥起马鞭，冒着日军的炮火，向西北方疾驰而去。彭德怀的警卫员王传和喊着警卫班的战士，唐万成带着警卫排的三十几人，跟着彭德怀持枪飞奔。

左权目送彭德怀突围之后，急忙奔向司令部直属队，一边走，一边招呼奔跑的人们跟上队伍。这时，他见机要员罗建跑不动了，忙向她奔去，罗建因贫血，喘不过气来，一脚踩空，摔到一条沟岔里去了。左权忙下去拉她，可是他已经没有力气拉得动这位女同志了。警卫员郭树保见参谋长这样虚弱，忙下到沟里将罗建往上一推。左权拉着罗建一边跑，一边指挥队伍："不要怕飞机，注意山上和沟底的敌人，快冲啊！"

午后 2 时，大队人马转移到十字岭高家坡山腰间，这里是敌人枪弹射不到的死角，左权派出了警戒，组织小休整。他望着疲劳、杂乱的队伍，声音嘶哑地说："同志们，尽管敌情紧张，大家不要慌。我们要胜利，就得一齐冲。一齐冲就要听从指挥，只要冲过前面一道封锁线，我们就安全了。"说完，他就到队伍中清点人数，检查机要。

在清点中，左权发现文件箱不见了，向人群问道："文件箱呢？"

大家相互看了看，都不知道文件箱的下落。左权知道，日军华北方面军自去年12月以来，加强了对八路军的情报工作，除了设立“对共”调查班、特种情报班外，最近又设置了谍报班，窃听破译无线电密码，探测八路军行动方向，广泛搜集我党、政、军机密文件，编辑发行“缴共指针”，为日军提供“治安肃正”对策。文件箱岂能落到敌军手里？他脸色严峻，对警卫员郭树保说：“树保，回头去找，一定要把文件箱找回来，那是党的机密！”

郭树保请求道：“参谋长，我不能离开你，我的任务是保卫首长的安全！”

郭树保指着左权的另一名警卫员小张说：“让小张去吧，我不应该离开你。”

左权不容分辩地说：“你熟悉情况，他是新战士。快去吧，不要为我担心，相信你能完成任务！”

郭树保返身朝来路往回跑，左权又嘱咐道：“树保，你朝北艾铺方向找总部，我在那儿等你！”

左权回过身来，对身边的警卫战士们说：“警卫员要警卫总部机密，要保护电台，保护机密材料，保护机要人员！”

然后，他又将身边的参谋人员和警卫战士分散到电台和机要人员中去了。

正在这时，唐万成急匆匆地奔过来，一把拉过左权说："参谋长，你快跟我走！"

左权惊奇地看着唐万成："彭总呢？"

"彭总已突破封锁线，你快跟我走吧！"

左权掰开唐万成的手，严肃地说："不行，我有我的职责！万成同志，你不要管我，快去跟上彭总！"

作为警卫连长的唐万成，他不能让八路军的参谋长像普通战士那样，在炮火里穿来穿去。唐万成又一次去拽左权的手。左权生气了，拔出左轮手枪，对着唐万成说："你要懂得，要是彭总有个三长两短，我要枪毙你！"

唐万成第一次看到左权发这么大的火，立即掉转头，追赶彭德怀去了。

这时，太阳已经偏西，左权组织队伍继续突围，天上、地下，已织成了一张火网。左权登上一块高地，从容地指挥继续突围，不断以嘶哑的声音高喊着："不要隐蔽，冲出山口就是胜利，同志们快冲啊！"

作战参谋夏纳，从后面赶上来，也高喊着："同志们，左参谋长和我们在一起，大家不要慌，赶快冲！"

有左权指挥突围，人们的情绪立即稳定下来，突围速度加快了。

突然，一发炮弹在左权的身边爆炸，他机警地回过头来，向大家高喊一声："快卧倒！"第二发罪恶的炮弹与空气摩擦发出的怪叫声，接踵而至，左权中弹了，他仰面倒了下去。

"参谋长!"

大家悲痛欲绝地哭喊着。

跟在左权后面突围的党校学员李锡周、穰明德、李克林等奔了过来。只见左权倒在山路旁边，他的头部、胸部、腿部都中了弹片，已经壮烈牺牲。李克林忍住泪水，从左权的身上取下左轮枪。大家为失去八路军这位有才识的高级将领而悲恸。为了保护好左权的遗体，穰明德捡了一个草黄色的背包，把背包开打，覆盖在左权的身上。然后将遗体安放在一堆灌木丛中，再在灌木丛上面盖满了青枝绿叶。

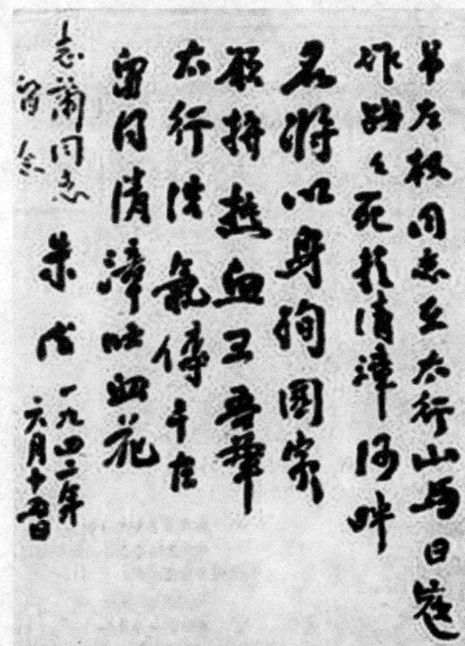
悼左权同志在太行山与日寇
作战战死于清漳河畔
名将以身殉国家
愿拼热血卫吾华
太行浩气传千古
留得清漳吐血花
志兰同志留念
朱德 一九四二年
六月十日

◁ 朱德悼左权诗手迹

穰明德、李锡周、李克林等突出重围，在清漳河泽城以北的南山村找到了作战科长王政柱，将左权的左轮枪交给了他，所有在场的人伤心得哭成一团。

王政柱将枪交给彭德怀，彭德怀背过身去，仰望着窗外，一动也不动。

左权壮烈牺牲时，年仅37岁。

噩耗传来，举国同哀。朱德撰文追述左权一生忠于人民、忠于革命的高贵品质和光辉业绩，挥毫而作《吊左权同志在太行山与日寇战死于清漳河畔》悼诗：

▽ 1942年10月10日，太行各界公祭左权将军及诸先烈大会合影。

名将以身殉国家，愿拼热血卫中华，

太行浩气传千古，留得清漳吐血花。

周恩来1942年6月21日在《新华日报》发表了《左权同志精神不死》的悼念文章。晋冀鲁豫边区政府在涉县石门修建了左权陵墓和纪念塔，塔身镌刻着彭德怀撰写的《左权同志碑志》。太行人民为永远怀念将军，将辽县易名左权县，并谱写了一曲脍炙人口的《太行将军之歌》，“将星悲陨落，楷模千古垂”。

1950年10月，中央人民政府决定将左权灵柩自涉县石门山麓移葬于邯郸晋冀鲁豫烈士陵园，供全国人民纪念瞻仰。

后 记

赢得生前身后名

从1905年到现在，一百多年过去了，在简约的历史书里只是薄薄的几页，而拿出其中的一个生命放大，却可以写出数之不尽的文字。一百年来中国可以说的人与事太多，在无法穷尽的文字里，我们很难关注所有的名字，但是只要有一个或几个名字让我们感动过，我觉得就不枉此生了。

许多年后，彭德怀深情地对左权的女儿左太北说道："你爸爸一定知道，那次敌人打的第一颗炮弹是试探性的，第二颗炮弹准会跟着来，躲避一下还是来得及的。可你爸爸为什么没有躲避呢？要知道，当时的十字岭上正集合着无数的同志和马匹，你爸爸不可能丢下部下，自己先冲出去。他是死于自己的职守，死于自己的岗位，死于对革命队伍的无限忠诚啊！"

一位才华横溢、智勇双全的八路军高级将领，为了人民群众的安危，为了突围广大指战员的安危，为了拯救民族的危亡，献出了宝贵的生命。

左权将军壮烈殉国，太行悲恸，边区人民悲恸，全党全军悲恸！

放眼看来，无论多少豪情多少苦难，多少欣慰多少缺憾，一团火在中国大地上奔涌而过，百年只是一瞬间。我和爱戴左权的所有的人一样，有许多的爱在心头燃烧，但无以言，也毋须言。